D1619013

Gottes Nähe feiern
Sakramente und Sakramentalien

Gisela Baltes / Tobias Licht / Friedrich Lurz /
Stefan Rau / Susanne Sandherr / Maria Andrea
Stratmann / Johannes Bernhard Uphus

Gottes Nähe feiern

Sakramente und Sakramentalien

Mit Beiträgen von
Weihbischof Reinhard Hauke, Erfurt,
und Bischof Kurt Koch, Basel

Butzon & Bercker

Bibliografische Information der Deutschen Nationalbibliothek

Die Deutsche Nationalbibliothek verzeichnet diese
Publikation in der Deutschen Nationalbibliografie;
detaillierte bibliografische Daten sind im Internet
über http://dnb.d-nb.de abrufbar.

Das Gesamtprogramm
von Butzon & Bercker
finden Sie im Internet
unter www.bube.de

ISBN 978-3-7666-1317-2

Inhalt

Vorwort

Sakramente sind Lebenszeichen, Zeichen einer in Christus erneuerten Existenz, einer radikal – in der Wurzel – geheilten Lebenswirklichkeit. Sakramente sind verdichtete Erfahrungen: wirkliche und wirksame Zeichen der befreienden Gottesherrschaft, die in Jesus von Nazaret auf uns zugekommen ist und uns immer neu zukommt.

Sakramente heilen Leben, sie befreien zum Leben. Leben ist vielfältig, vielgestaltig. Ganz unterschiedliche Zeichen und Vollzüge sind darum mit dem Namen Sakrament bezeichnet. In einem sinnlich erfahrenen und sprachlich gedeuteten Stück Welt, in Wasser, Brot, Wein und Öl, aber auch im vertrauenden Ja zweier Menschen zueinander, zeigt sich Gottes Liebe und Treue an, wird seine Gnade sichtbar, hörbar, spürbar. Die sieben Sakramente verweisen nicht nur auf Knoten- und Wendepunkte der Existenz, sie prägen diese Lebensorte, sie transformieren sie, von deren innerstem Inneren her. Sie öffnen sie und uns. Sie ziehen uns hinein in das Gottesheil, wie es uns durch den Mann aus Nazaret eröffnet ist. Und um diesen Kern der sieben Sakramente zieht sich ein weiterer Kreis sakramentenähnlicher Zeichen: die Sakramentalien. Durch sie wird der Alltag, das Leben in seinen verschiedenen Bereichen und Situationen, geheiligt.

Die Vielfalt und Vielgestaltigkeit der Sakramente verweist auf ihren jeweiligen Sitz im Leben: Lebensbeginn und Lebensende, Übergang von der Kindheit zum

Erwachsensein, festliche Mahlgemeinschaft, Schuldbe-
lastung und Neuorientierung, Krankheit und Genesung, Beginn eines das Leben prägenden Dienstes,
ganzheitliche Verbindung von Mann und Frau. Diese
lebendige Vielfalt der Sakramente führt nicht zur Belie-
bigkeit. Sie gründet und mündet vielmehr in dem einen
neuen Leben, das uns in Christus von dem einen und
dreieinen Gott zukommt, und in der Gemeinschaft der
Kirche, die Christi Heilswerk auf dem Weg durch die
Zeit weiterführt.

Der vorliegende Band versammelt jüngere Beiträge
der theologischen Redaktion der Gebetszeitschrift
MAGNIFICAT. Die persönliche Handschrift der gewählten Zugänge blieb ebenso gewahrt wie die Bezüge zu
pastoralen und gesellschaftlichen Lagen und Fragen
der Zeit, etwa im Blick auf den Erwachsenenkatechumenat, auf die Erneuerung des Bußsakramentes
und der Krankensalbung, auf das auflebende Interesse
an Segen und Segnungen, auf den neu erwachenden
Wunsch nach geistlicher Begleitung und schließlich
auch angesichts einer sich wandelnden Bestattungskultur.

Dieser Ursprung der Texte bringt es auch mit sich,
dass dieser Band weder hinsichtlich seiner Sakramen-
tentheologie noch hinsichtlich der Auswahl der be-
sprochenen liturgischen Feiern im Umfeld der Sakramente den Anspruch auf Vollständigkeit erheben will.
Einen nach wie vor unübertroffenen, ebenso konzen-
trierten wie verständlichen Gesamtüberblick mit amtli-
chem Anspruch über die allgemeine Sakramentenlehre
wie über die einzelnen Sakramente gibt der KATHOLI-
SCHE ERWACHSENENKATECHISMUS, Band 1: Das Glaubensbekenntnis der Kirche, Kevelaer u. a., 4. Auflage
1985, S. 307–397, dessen ergänzende Verwendung wir
empfehlen.

Doch gerade so, dies unser Wunsch – in bewusster Zeitgenossenschaft, in verantworteter Auswahl und Akzentsetzung, in biblischer, dogmatischer, liturgiewissenschaftlicher Klärung –, möge letztlich aufleuchten, was wir uns nicht selbst verschaffen, sondern nur schenken lassen können: das Leben im Licht der Verkündigung Jesu, das neue Leben in Christus, das uns in den Sakramenten und Sakramentalien der Kirche nahekommt.

Grundlegung

KAPITEL 1

Zeichen der Gottesherrschaft
Unterwegs zu einer Befreiungstheologie der Sakramente

Nichts treibt den Mann aus Nazaret so um wie die Erwartung der Gottesherrschaft. Von den 162 Belegen, die das Neue Testament für das griechische Wort „basileia" – „Königreich", „Königsherrschaft" – ausweist, finden sich 121 bei Matthäus, Markus und Lukas. Fast immer ist es Jesus, der das Wort verwendet. Gottesherrschaft ist das Thema Jesu – doch was ist das, die Gottesherrschaft? Hat Jesus auf den Einbruch, den Anbruch einer neuen Welt gewartet, der von kosmischen Katastrophen begleitet wird? Ist das von ihm verkündigte Gotteskönigtum eine zukünftige oder eine gegenwärtige Größe; oder ist es beides zugleich? Müssen wir uns die von Jesus gedachte Gottesherrschaft flächendeckend denken, oder kann sie nur punktuell, nur hier und da wirklich werden? Gott ist König – hat das handfeste politische Folgen? Ist Gottes Herrschaft subversiv? Oder dürfen sich Machthaber als Vollstrecker der verkündigten Gottesherrschaft fühlen und wohlfühlen? Ist der Gott Jesu vor allem ein König der Herzen? Und welchen Anteil hat Jesus am Kommen des Gottesreiches? Welchen Anteil haben wir? – Antworten auf diese Fragen kommen wir näher, wenn wir uns auf das besinnen, was Jesus von Gottes Königsherrschaft nach biblischem Zeugnis zum Ausdruck bringt.

Gottesherrschaft – biblisches Grundwort

Das Thema hat Jesus nicht erfunden. Es ist nicht vom Himmel gefallen. „Gottesherrschaft" ist die große Erfahrung und die große Hoffnung der Bibel. „Gottesherrschaft" ist ein gesamtbiblisches Wort. Es verbindet das Neue mit dem Alten Testament. Gott ist König über Himmel und Erde: Das ist die tragende Gewissheit Israels. Zugleich atmet das Alte Testament die Sehnsucht, Gott möge sich als Israels Herrscher und als König der ganzen Erde erweisen, damit Recht und Gerechtigkeit zur Welt kommen und Gottes Schalom.

Satan stürzt aus dem Himmel

Wie kommt Jesus dazu, die Königsherrschaft Gottes zu verkünden? Das Lukasevangelium gibt uns einen Hinweis: „Ich sah den Satan wie einen Blitz vom Himmel fallen" (Lk 10,18). Ein Fragment der Berufungsvision Jesu, sagen die Fachleute: In einer Schlüsselvision schaut Jesus den Sturz Satans aus dem Himmel. Das schnelle Herabstürzen und der Vergleich mit dem Blitz zeigen an: Was Jesus gesehen hat, ist unumkehrbar. Die Macht Satans ist ein für alle Mal gebrochen. Wenn Gott im Himmel die Macht Satans beendet und seine Herrschaft aufgerichtet hat, ruft dies nach einer Fortsetzung auf Erden. Jesus hört diesen Ruf. Das von Lukas und Matthäus überlieferte Wort „Wenn ich mit dem Finger Gottes die Dämonen austreibe, ist das Reich Gottes schon zu euch gekommen" (Lk 11,20 par Mt 12,28), bringt die Korrespondenz prägnant zum Ausdruck.

Gottes Fingerzeige

Die Rede vom „Finger Gottes" weist in das Buch Exodus. Dort wird die von Gott über die Ägypter verhängte Stechmückenplage als „Finger Gottes" bezeichnet (Ex 8,15). Sie ist ein Fingerzeig Gottes. Sie zeigt den Weg, der das Sklavenvolk Israel in die Freiheit führt. Das Handeln Jesu, die Austreibung der Dämonen, ist ein positives Gegenstück zu der von Mose mit Aarons Stab gewirkten Plage. Gottes Macht über die Supermacht Ägypten deutet sich an in der Stechmückenplage. Gottes Macht über die Mächte des Todes und der Zerstörung zeigt sich neu in den Krankenheilungen und Befreiungstaten, die Jesus wirkt. In den Dämonenaustreibungen Jesu kommt zum Vorschein, dass die Gottesherrschaft eine neue Ausdehnung bekommen hat. Gottes Reich reicht ins Hier und Jetzt. Lassen wir uns von ihm erreichen: Jesu Handeln lädt dazu ein.

Gottes Herrschaft befreit

Der „Finger Gottes" versetzte einst dem gepanzerten Riesen einen Stich. Die hochgerüstete Staatsmacht wird gereizt; im Mark getroffen ist sie nicht. Ein Nadelstich, kein Dolchstoß. Und doch! Der „Finger Gottes" bringt Israel auf den wichtigsten Weg seiner Geschichte. Das Volk ruft Gott wieder und wieder als den an, der es mit starkem Arm aus Ägypten herausgeführt hat. Wieder und wieder bringt sich Jahwe als Befreier aus bedrückender Herrschaft in Erinnerung: „Ich bin der Herr, euer Gott, der euch aus dem Land der Ägypter herausgeführt hat, sodass ihr nicht mehr ihre Sklaven zu sein braucht. Ich habe eure Jochstangen zerbrochen und euch wieder aufrecht gehen lassen" (Lev 26,13). Gott ist kein Sklavenhalter. Seine Herrschaft befreit.

Mit seinen Heilungen und Exorzismen hilft Jesus gequälten und unterdrückten Menschen in seiner Umgebung. Er befreit nicht die Menschheit. Und doch: Wenn Jesus voller Erbarmen Männer und Frauen von ihren Dämonen erlöst, ist Gottes Finger am Werk. Was Jesus tut, hat Folgen für alle Welt.

Blinde sehen, Lahme gehen – Gottes Wendezeit

Die himmlische Entmachtung Satans stellt für Jesus einen Einschnitt dar. Sie ist eine Zeitenwende. Sie macht Epoche. Die Menschen, die in dieser Wendezeit leben, dürfen sich freuen. Jesus beglückwünscht sie: „Selig die Augen, die sehen, was ihr seht, und die Ohren, die hören, was ihr hört" (Mt 13,16 par Lk 10,23). Gottes Herrschaft ist nicht von gestern und nicht bloß von morgen: Sie ist von heute!

Wenn Jesus bei Matthäus und Lukas auf die ihm übermittelte Frage nach seiner eigenen Identität antwortet: „Geht und berichtet Johannes, was ihr hört und seht: Blinde sehen wieder und Lahme gehen; Aussätzige werden rein und Taube hören; Tote stehen auf und den Armen wird das Evangelium verkündet" (Mt 11,4f), dann ist diese Auskunft deutlich: Es gibt etwas Neues. Es gibt etwas zu sehen und zu hören! Wo Blinde sehen und wo Taube zu hören beginnen, wo Leben den Tod durchkreuzt und Arme das Hoffnungswort hören, da ist Gottes Finger am Werk, da kommt Gottes befreiende Herrschaft zur Welt.

Heilende Zeichen – Zeichen des Heils

Jesus hat offene Augen für die himmelschreiende Not und Ungerechtigkeit der Welt. Er trägt keine rosarote Brille. Allen Widrigkeiten und Schrecken zum Trotz ist der Zustand der Welt für Jesus aber nicht heillos. Schon jetzt scheint Heil auf: in Jesu Exorzismen und Heilungen, in seinen gemeinsamen Mahlzeiten mit Außenseitern, im Zuspruch der Sündenvergebung, in der Verkündigung der frohen Botschaft an die Armen. Auch Jesus weiß, dass das Reich Gottes erhofft und erbetet werden will. Denken wir an die Vaterunserbitte

„Dein Reich komme". Doch in seiner Person sind Gegenwart und Zukunft der Gottesherrschaft so eng verbunden, dass Jesus verkünden kann: Gottes Herrschaft ist schon „mitten unter euch" (Lk 17,21). Ihr könnt sie erfahren. Sie steht euch zur Verfügung. Es kommt nur darauf an, sich auf Gottes Königsherrschaft einzulassen, sie einzulassen in das eigene Leben. Jesu ganzes Leben sagt: Die Herrschaft Gottes steht uns zur Verfügung. Wir sind eingeladen, sie zu spüren – sie zu schmecken, sie zu hören, sie zu sehen, sie in Gemeinschaft zu feiern: in den heilenden und heiligenden Zeichen der Kirche. Es sind Lebens-Zeichen: sinnliche Erfahrungen der befreienden Gottesherrschaft, die uns in Jesus von Nazaret eröffnet ist.

Susanne Sandherr

Jesu Botschaft von Gottes Entgegenkommen

Wir haben uns zumeist daran gewöhnt, den Advent als Wartezeit auf Weihnachten, Weihnachten selbst jedoch als Gedächtnis an etwas längst Vergangenes zu sehen. Advent, „adventus Domini" heißt es aber nun einmal – „Ankunft des Herrn", so als ob diese Ankunft je neu geschehe, als gelte es, diese Ankunft als noch bevorstehende zu erwarten. Ist denn nicht Jesus nach unserem Bekenntnis der Herr, der vor zweitausend Jahren erschienen ist und uns das Heil gebracht hat?

Gott begnadigt

Vergegenwärtigen wir uns, um was es Jesus ging, um möglichst von ihm selbst her zu antworten. Sein Wirken entfaltete die Botschaft, dass die Königsherrschaft

Jahwes in seinem, also Jesu Auftreten begonnen hat und sich unaufhaltsam Bahn bricht. Was seinen Zeitgenossen daran wohl am schwersten einging, war, dass Jesus keine weltliche Form des Königtums mit entsprechenden militärischen Machtdemonstrationen ankündigte. Im Gegenteil: Jesus teilt die Überzeugung Johannes des Täufers, dass Gottes endzeitliches Zorngericht über die ethisch wie politisch heillose Welt nahe bevorsteht. Wie Johannes setzt er nicht bei den politischen Gegebenheiten, sondern beim Gottesverhältnis an. Weil die Menschen Gottes Willen fortwährend missachten, mit alttestamentlichen Worten: seine Weisung nicht befolgen und so den Bund brechen, muss es zur Katastrophe kommen. Allerdings sehen beide die Situation nicht als ausweglos an. Johannes bietet allen, die sich durch seine Predigt zur Umkehr bewegen lassen, die Taufe im Jordan als Vorwegnahme der kommenden Feuertaufe des Gerichts an (vgl. Mt 3,11f; vom Heiligen Geist hat Johannes wohl nicht gesprochen). Wer sich von ihm taufen lässt, anerkennt sein Versagen, unterstellt sich zeichenhaft dem reinigenden Gericht Gottes und darf so hoffen, durch Gottes Gnade vor dem Gericht bewahrt zu werden. Johannes sagt den Umkehrenden zu, was sein Name – hebräisch Jochanan – bekennt: Jahwe begnadet.

Gottes Entgegenkommen

Jesus, der sich in die Schar der Büßenden eingereiht hat, geht entscheidend darüber hinaus. Gott verzichtet nicht nur auf die Bestrafung des reuigen Sünders, er kommt ihm – gut möglich, dass Jesus dies bei der Taufe im Jordan aufgegangen ist – wie ein liebender Vater entgegen (vgl. Mk 1,9–11 und Lk 15,11–32)! Gott selbst setzt seinen Bund neu in Kraft, indem er sich an jede und jeden bindet, der/die sich an ihn wendet – in der Sehnsucht nach Geborgenheit und Erfüllung, mit der Bereitschaft, sich an Gottes Willen auszurichten, im Bewusstsein des eigenen Versagens. Jesu Botschaft ist also im Kern, dass Gottes Herrschaft dort beginnt, wo sich Menschen auf sein bleibendes Angebot einlassen und sich seine Weisung zu Herzen nehmen.

Gottes unbedingte Liebe

Ihre volle Kraft entfaltet Jesu Verkündigung nun – wieder im Unterschied zu Johannes – darin, dass es für ihn gerade der Gott des Bundes ist, der den Sünder beruft. Den Bund am Sinai hat Jahwe mit ganz Israel geschlossen; er ist ein Gott der Gemeinschaft. Darum kommt der Verantwortung der Einzelnen füreinander schon in den alttestamentlichen Geboten so große Bedeutung zu. Für Jesus ist klar: Der Gott, der den Schuldigen nicht aufgibt, nimmt niemanden von seiner Sorge aus. Darum geht Jesus zuerst zu den Armen und Außenseitern und verkündet ihnen Gottes Treue. Und Jesus tut dies, indem er ihre Situation spürbar verändert. Auch er nimmt seinen Namen – hebräisch Jehoschua – beim Wort: Jahwe rettet. Für Jesus beginnt Gottes Herrschaft – der Neue Bund (vgl. Jer 31,31 – 34) – dort, wo sich Menschen von Gottes unbedingter Liebe ergreifen lassen; wo sie aus dieser Liebe für ihre Mitmenschen leben, entsteht Gottes Reich.

Jesus – Jahwes Ja

Inwiefern können wir also sagen, Jesus sei der Herr? Er ist es zuerst als der Christus, der Messias, als der endzeitliche König, der auf Erden Gottes Herrschaft errichtet. Ganz anders, als Menschen sie sich vorstellen – er ist kein „Übermensch", kein „Superman", der über Kräfte verfügt, die andere niemals erlangen können. Er ist Mensch wie wir – und erweist sich doch in seinem unbedingten Hören auf den Vater ganz als dessen Sohn. Indem er das schlechthin Menschlichste tut – Kranke heilt, Trauernde tröstet, Sünder in die Gemeinschaft zurückholt –, ist er Jahwes Wort an uns, wird in ihm der Gott offenbar, der sich Israel als der „Ich bin da" zu erkennen gegeben und es aus Ägypten befreit hat.

Johannes Bernhard Uphus

Kirche als Sakrament

45 Jahre sind vergangen, seit 1965 in Rom das Zweite Vatikanische Konzil zu Ende gegangen ist. Zehn Jahre später endete in Würzburg die Gemeinsame Synode der Bistümer in der Bundesrepublik Deutschland. Unter dem Leitbegriff des „Aggiornamento" hatte Papst Johannes XXIII. dem Konzil die Aufgabe gestellt, es solle „furchtlos das verwirklichen, was die Gegenwart erfordert". „Plötzlich konnte man Möglichkeiten der Kooperation und des Gesprächs mit Gruppen und Einzelnen ahnen, die bis vor Kurzem noch völlig verschlossen schienen: mit der modernen Kultur, mit den getrennten Christen, ja sogar mit Atheisten" (Karl Kardinal Lehmann).

Heute denken viele mit Wehmut an jene Zeiten des Aufbruchs und an die Dynamik von damals zurück. Dabei sind die Anstöße, die das Konzil und die Synode gegeben haben, noch bei Weitem nicht umfassend aufgenommen, sondern bleiben auf lange Zeit Aufgabe und Herausforderung.

Kirche in der Lehre des Konzils

Kennzeichnend für den geistlichen Stil und die theologische Methodik des Konzils war die Hinwendung zur Tradition der Kirche als ganzer, das heißt zu allen ihren Quellen, vor allem auch zur Heiligen Schrift und den Kirchenvätern. Zugleich wird durchgängig das Bestreben deutlich, Einzelfragen in den größeren Zusammenhang zu stellen, aus der Sicht des Glaubensganzen in den Blick zu nehmen. So erschließen sich aus der Tradition immer wieder überraschende, weiterführende Perspektiven, die in der oft als verengt empfundenen Schultheologie der Vorkonzilszeit nicht zum Tragen kommen konnten.

Eines der zentralen Themen der Konzilstexte ist die Besinnung auf die Kirche selbst. Sie hat vor allem in der „Dogmatischen Konstitution über die Kirche" LUMEN GENTIUM und in der „Pastoralkonstitution über die Kirche in der Welt von heute" GAUDIUM ET SPES ihren Niederschlag gefunden. Mit der Enzyklika MYSTICI CORPORIS Papst Pius' XII. (1943) fand die Entwicklung der amtlichen Lehre über die Kirche im 20. Jahrhundert einen ersten Höhepunkt. Die Kirche wird hier in Orientierung an dem paulinischen Bild vom Leib Christi als organische Einheit und Ganzheit des Leibes mit seinen vielen Gliedern vorgestellt.

Die Kirchenkonstitution des Zweiten Vatikanums nimmt das Bild vom Leib Christi wieder auf (vgl. LUMEN GENTIUM, 7 u. a.). Die zentrale Leitidee ist jedoch das Bild von der Kirche als Volk Gottes, die vor allem im zweiten Kapitel von LUMEN GENTIUM entfaltet wird: Gott hat es „gefallen, die Menschen nicht einzeln (…) zu heiligen und zu retten, sondern sie zu einem Volke zu machen, das ihn in Wahrheit anerkennen und ihm in Heiligkeit dienen soll" (LUMEN

GENTIUM, 9). Das Bild vom Volk Gottes nimmt die Kirche auch als gesellschaftliche Größe in den Blick; es unterstreicht ihre innere Einheit, mit allen Untergliederungen, mit geistlichen Amtsträgern und Laien, und zugleich die Verbundenheit des altbundlichen und des neubundlichen Gottesvolkes. In der Zeit nach dem Konzil wurde dieser Ansatz unter dem Leitgedanken der „Communio" weiterentwickelt. Nach der Interpretation der Außerordentlichen Bischofssynode 1985 ist „die ‚Communio'-Ekklesiologie die zentrale und grundlegende Idee der Konzilsdokumente" (Schlussdokument, C. 1.).

Sakramentale Kirche und Einzelsakramente

Ein weiterer Schlüsselbegriff ist die Bezeichnung der Kirche als „Sakrament". Seine Verwendung durch das Konzil geht auch auf Beiträge deutscher Konzilstheologen zurück und ist gegenwärtig neu ins Blickfeld theologischer Forschung getreten. Gleich im ersten Artikel der Kirchenkonstitution wird die Kirche als Sakrament bezeichnet: „Die Kirche ist ja in Christus gleichsam das Sakrament, das heißt Zeichen und Werkzeug für die innigste Vereinigung mit Gott wie für die Einheit der ganzen Menschheit" (LUMEN GENTIUM, 1).

Im heutigen kirchlichen Sprachgebrauch meint man, wenn von „Sakrament" die Rede ist, in der Regel die sieben einzelnen Sakramente. Bei den Kirchenvätern hingegen werden nicht nur die sakramentalen gottesdienstlichen Feiern, sondern auch Christus selbst, die Heilige Schrift und die Kirche Sakrament (bzw. griechisch „Mysterium") genannt. Indem das Konzil diesen Sprachgebrauch aufnimmt, kann es das geheimnishafte Wesen der Kirche auf den Begriff bringen, jene „Einheit von Sichtbarem und Unsichtbarem, Erkennbarem und Verborgenem, die für die Kirche charakteristisch ist" (Karl Rahner/Herbert Vorgrimler, KLEINES KONZILSKOMPENDIUM, 106). Als Sakrament ist die Kirche „wirksames Zeichen der Gnade, das diese Gnade nicht selbst ist, sondern sie nur anzeigt und bewirkt" und so „zugleich der innigsten Vereinigung der Menschen mit Gott und der Einheit der Menschheit" dient (ebd.). Darin, so meinen Karl Rahner und Herbert Vorgrimler, dürfe man „wohl das Generalthema des Konzils sehen".

Die Redeweise von der Kirche als Sakrament stellt sowohl die Lehre von der Kirche als auch die Sakramentenlehre in den großen Zusammenhang der Heilsgeschichte als ganzer. Die immer neue Zuwendung Gottes zu seinem Volk findet in der Menschwerdung in Jesus Christus ihren Höhepunkt. Die Kirche setzt „die Sendung Christi selbst fort … und entfaltet sie die Geschichte hindurch" („Dekret über die Missionstätigkeit der Kirche" AD GENTES, 5). In den einzelnen Sakramenten als Selbstvollzügen der Kirche (vgl. LUMEN GENTIUM, 11) vermittelt sich das von Gott geschenkte Heil in die konkreten Lebenssituationen hinein.

Perspektiven

Für die oben dargestellte theologische Methode des Konzils, sich der gesamten kirchlichen Überlieferung zu vergewissern, ist dieser Ansatz ein Paradebeispiel. Sein theologisches Potenzial, seine Erschließungskraft in zahlreichen Einzelfragen ist allerdings noch bei Weitem nicht ausgeschöpft. Dieser Ansatz ermöglicht es, ein isoliertes Verständnis der Sakramente gegenüber dem Ganzen des liturgischen und pastoralen Handelns der Kirche zu vermeiden. Es eröffnen sich Perspektiven zu einer neuen Sicht des gesamten „außersakramentalen" Handelns der Kirche, von größter Relevanz auch für das ökumenische Gespräch. So erweist sich auch hier, dass zahlreiche Aussagen des Konzils „eher einen Anfang, eine Anregung und Aufforderung zu weiterer dogmatischer Überlegung und Arbeit darstellen" (Karl Rahner).

Tobias Licht

Sakramentale Begegnung im Wort Gottes

Seit der Reformationszeit galt landläufig als Unterscheidungsmerkmal zwischen den Konfessionen, dass die evangelische Kirche eine Kirche des Wortes und die katholische eine der Sakramente sei. Dem entsprach, dass im evangelischen Gottesdienst der Schwerpunkt auf der biblischen Lesung, vor allem aber auf der Auslegung des Wortes Gottes in der Predigt lag, während etwa das Abendmahl eher als Anhang zum Wortgottesdienst angesehen wurde, vor dem ein Teil der Gemeinde die Kirche verließ. In der katholischen Kirche hingegen schien lange der sakramentale Vollzug das einzig Wesentliche des Gottesdienstes darzustellen. Lesung und Evangelium waren zwar auf Latein im Messbuch verzeichnet und wurden vom Priester auch gelesen. Die Gläubigen aber vernahmen erst seit der liturgischen Bewegung des 20. Jahrhunderts die Lesungstexte in einer für sie verständlichen Sprache – zunächst noch parallel zum lateinischen Vollzug der Lesungen durch den Priester. Predigten hingegen fanden lange Zeit außerhalb der Messe statt und hatten dann eher Heiligenlegenden und moralische Normen zum Inhalt als die Schriftlesungen des Tages.

Konfessionell geprägte Frömmigkeiten – theologische Konvergenzen

Entsprechend war auch die Frömmigkeit der einfachen Gläubigen geprägt: Auf evangelischer Seite bestand sie in einer Bibelfrömmigkeit, die ihren Ausdruck im regelmäßigen Lesen in der Heiligen Schrift fand, die als Buch in vielen Familien vorhanden war und weitervererbt wurde. Auf der katholischen Seite stand neben dem von der kirchlichen Obrigkeit geforderten regelmäßigen Empfang der Sakramente und mindestens sonntäglichem Besuch der heiligen Messe eine ausgeprägte Volksfrömmigkeit, die sich in Brauchtum, Heiligenverehrung und Wallfahrtswesen ausdrückte. Eine Bibel hingegen suchte man in so manchem katholischen Haushalt vergeblich.

Inzwischen hat sich auf beiden Seiten die Situation grundlegend geändert, wenn auch weiterhin unterschiedliche Schwerpunkte in der Frömmigkeit zu erkennen sind. In der evangelischen Theologie hat man die fundamentale Bedeutung der Sakramente und damit des symbolisch-verdichteten Handelns für das Leben der Kirche wiederentdeckt. Parallel hat der gottesdienstliche Vollzug in den evangelischen Landeskirchen eine erhebliche Aufwertung erfahren, die in überarbeiteten liturgischen Büchern ihren Ausdruck findet. Die katholische Theologie hat durch die mit der liturgischen Bewegung parallel laufende Bibelbewegung die grundlegende Orientierung des Glaubens an der Heiligen Schrift wiederentdeckt. Gerade die liturgischen Reformen nach dem Zweiten Vatikanischen Konzil zeigen sich in erheblichem Maße als Wiederherstellung der konstitutiven Stellung der Heiligen Schrift im Gottesdienst: Es gibt keinerlei sakramentale Vollzüge mehr, in denen nicht zunächst aus ihr gelesen und durch eine

Art Hochgebet die biblische Heilsverkündigung für die konkrete Feier aktualisiert wird. Es gibt keine liturgische Handlung mehr, die nicht durch das – verstehbare – Wort gedeutet wird.

Das fleischgewordene Wort als Grundsakrament

So bestimmt Karl Rahner das Verhältnis von Wort und Sakrament mit der bis dahin undenkbaren Formel: „Das Grundwesen des Sakramentes ist das Wort." Er meint damit, dass das Sakrament nichts anderes darstellen kann als die absolute Heilszusage Gottes im Leben der Gläubigen. Nicht das Bewirkte, nicht die Gnade unterscheidet sich bei Wort und Sakrament, sondern die Art der Aufnahme durch den Menschen. Der Inhalt von Wort wie Sakrament kann aber nur Jesus Christus selbst sein, den der Prolog des Johannesevangeliums als „Wort Gottes" bekennt: „Und das Wort ist Fleisch geworden und hat unter uns gewohnt" (Joh 1,14).

Diese Fleischwerdung des Wortes ist das grundlegende Sakrament, aus dem alle anderen sakramentalen Vollzüge der Kirche erst resultieren. Das Hören des Wortes Gottes wie die Feier und der Empfang der Sakramente sind Begegnungen mit Jesus Christus selbst, der die Gläubigen, denen er begegnet, nicht unverändert zurücklässt, sondern an ihnen wirksam handelt. Deshalb besitzen die Lesungen aus der Heiligen Schrift nicht nur einen Informationsgehalt über vergangene Ereignisse aus dem Leben Israels und dem Wirken Jesu. Sie besitzen vielmehr eine Wirksamkeit, die aus der Begegnung mit Jesus Christus als dem Wort Gottes resultiert.

Immer will der ganze Christus selbst, das fleischgewordene Wort Gottes, uns begegnen, uns seine befreiende Botschaft verkünden und unser Leben wandeln. In Orientierung an der Praxis der antiken Kirche ist somit neben die Wiederbelebung der regelmäßigen eucharistischen Kommunion der Gläubigen in der ersten Hälfte des 20. Jahrhunderts eine intensive „Kommunion des Wortes Gottes" in der zweiten Jahrhunderthälfte getreten, die viele Gläubige als wichtige Bereicherung ihres Glaubenslebens erfahren und nicht mehr missen möchten. Gerade in Zeiten, in denen die sakramentalen Feiern aufgrund des Priestermangels immer seltener werden, erhält die Christusbegegnung in Wort-Gottes-Feiern noch stärkere Bedeutung für die Zukunft unseres Glaubens und unserer Gemeinden.

Friedrich Lurz

Gott – gegenwärtig in seinem Wort

„Das Wort ist ganz nah bei dir, es ist in deinem Mund und in deinem Herzen."

(Deuteronomium 30,14)

Gleich zwei große weltkirchliche Ereignisse haben in jüngerer Zeit im katholischen Raum an die Bedeutung der Bibel für das Leben des Christen und der Kirche erinnert: das Paulus-Jahr vom 28. Juni 2008 bis 29. Juni 2009 und die XII. Ordentliche Vollversammlung der Bischofssynode, die vom 5. bis 26. Oktober 2008 in Rom zu dem Thema „Das Wort Gottes im Leben und in der Sendung der Kirche" getagt hat. Tatsächlich kommt auch viereinhalb Jahrzehnte nach dem Zweiten Vatikanischen Konzil der Heiligen Schrift, dem Wort Gottes, im katholischen Glaubensbewusstsein, in der kirchlichen Praxis und alltäglichen Frömmigkeit noch nicht die Stellung zu, die ihm nach seiner theologischen Bedeutung zukäme. Es besteht vielmehr die Gefahr, dass entsprechend der allgemeinen Rückentwicklung christlicher Glaubensbildung auch die Kenntnis und der Umgang mit den biblischen Texten weiter zurückgehen.

Selbstmitteilung Gottes

Im Mittelpunkt biblischen Glaubens steht die Überzeugung, dass Gott der Welt und dem Menschen nicht in unnahbarer Ferne entrückt bleibt, sondern dass er sich in menschlicher Geschichte und im menschlichen Wort selbst mitteilt. „In dieser Offenbarung redet der unsichtbare Gott aus überströmender Liebe die Menschen an wie Freunde und verkehrt mit ihnen, um sie in seine Gemeinschaft einzuladen und aufzunehmen" (Zweites Vatikanisches Konzil, „Dogmatische Konstitution über die göttliche Offenbarung" DEI VERBUM, 2). Diese Selbstmitteilung Gottes, sein geschichtliches Heilshandeln, wird in der Heiligen Schrift und der Überlieferung der Kirche weitergegeben. Beide „bilden den einen der Kirche überlassenen heiligen Schatz des Wortes Gottes" (DEI VERBUM, 9). Die Schrift, „Gottes Rede, insofern sie unter dem Anhauch des Heiligen Geistes schriftlich aufgezeichnet wurde" (DEI VERBUM, 9), ist selbst Bestandteil der kirchlichen Überlieferung. Deren Aufgabe wiederum ist es, „das Wort Gottes, das von Christus, dem Herrn, und vom Heiligen Geist den Aposteln anvertraut wurde, unversehrt an deren Nachfolger" weiterzugeben (DEI VERBUM, 9).

Gott wirkt im Wort

Gott ist in seinem Wort wirklich gegenwärtig. Er wirkt durch sein Wort. So stehen Gottes Wort und Handeln in einem inneren Zusammenhang. Denn die Werke,

„die Gott im Verlauf der Heilsgeschichte wirkt, offenbaren und bekräftigen die Lehre und die durch die Worte bezeichneten Wirklichkeiten; die Worte verkündigen die Werke und lassen das Geheimnis, das sie enthalten, ans Licht treten" (DEI VERBUM, 2). Vor allem aber hat Gottes Wort selbst „Tatcharakter; es bewirkt, was es sagt" (KATHOLISCHER ERWACHSENENKATECHISMUS, Band 1, 310). Die Schrift rühmt Gottes Wort als „lebendig …, kraftvoll und schärfer als jedes zweischneidige Schwert" (Hebr 4,12). „Es kehrt nicht leer zu mir zurück, sondern bewirkt, was ich will, und erreicht all das, wozu ich es ausgesandt habe" (Jes 55,11). Es ist das Wort, durch das Gott die Welt geschaffen hat: „Gott sprach" (Gen 1,3 u. ö.) heißt es bei jedem einzelnen Schritt der Schöpfungsgeschichte. „Dein Schöpferwort rief uns zum Sein", formuliert eine Übertragung des Pfingsthymnus „Veni Creator Spiritus" (GOTTESLOB, 241,1). Am ausdrücklichsten wird diese Schöpfung durch das Wort wohl im Prolog des Johannesevangeliums ausgesagt: „Alles ist durch das Wort geworden und ohne das Wort wurde nichts, was geworden ist" (Joh 1,3). Das Johannesevangelium identifiziert dieses Wort Gottes mit Christus selbst: „Und das Wort ist Fleisch geworden und hat unter uns gewohnt und wir haben seine Herrlichkeit gesehen, die Herrlichkeit des einzigen Sohnes vom Vater, voll Gnade und Wahrheit" (Joh 1,14). Christus selbst ist das ewige Wort Gottes: Gottes, wie er sich im Inneren seines dreieinigen Lebens selbst aussagt; Gottes, wie er sich entäußert als Schöpfer und Vollender der Welt.

„Das Wort als hörbares Sakrament"

Angesichts dieser überragenden Bedeutung des Wortes Gottes in der Heilsökonomie erscheint die herkömm-

liche verhältnismäßige Zurückhaltung katholischer
Frömmigkeit dem Wort gegenüber einigermaßen frag-
würdig. Hier gilt es, mit Nachdruck weiter an der Um-
setzung des Zweiten Vatikanischen Konzils zu arbei-
ten, das gewollt hat, „dass den Gläubigen der Tisch des
Gotteswortes reicher bereitet werde" („Konstitution
über die heilige Liturgie" SACROSANCTUM CONCILIUM,
51). Entsprechend enthält die nachkonziliare Liturgie
in jeder Feier als einen ihrer Hauptteile einen Wortgottesdienst, entsprechend steht im Kirchenraum in
der Regel der Ambo dem Altar als zweiter Pol gegenüber (Theologie der zwei Tische). Dem KATHOLI-
SCHEN ERWACHSENENKATECHISMUS, Band 1: Das Glaubensbekenntnis der Kirche der Deutschen Bischöfe
von 1985 und seinem Hauptverfasser Walter Kasper
kommt das Verdienst zu, durch die enge Parallelisie-
rung und Verschränkung von Wort und Sakrament die
Heilsbedeutung des Wortes systematisch an die rechte
Stelle gerückt zu haben. Hier wird die „communio
sanctorum", die Gemeinschaft der Heiligen und am
Heiligen als „durch Wort und Sakrament" begründet
profiliert (307 ff.) und „das Wort als hörbares Sakrament" (309) den Sakramenten „als sichtbares Wort" ge-
genübergestellt (317).

Im Wort gegenwärtig

In der Konzilskonstitution SACROSANCTUM CONCILIUM
findet sich in der Nummer 7 ein Text, der in seiner Bedeutung für Theologie und geistliches Leben gleichermaßen vielfach unterschätzt wird. Hier ist festgehalten,
dass „Christus seiner Kirche immerdar gegenwärtig"
ist, „besonders in den liturgischen Handlungen". Diese
Gegenwart ist gegeben in der heiligen Messe im Dienst
des Priesters und in den eucharistischen Gestalten;

ebenso in den Sakramenten. Und nun heißt es: „Gegenwärtig ist er in seinem Wort, da er selbst spricht, wenn die heiligen Schriften in der Kirche gelesen werden." Schließlich wird die zum Gebet versammelte Gemeinde gemäß Matthäus 18,20 als Ort der Gegenwart Christi genannt. Das Konzil stellt also, seinem Bestreben entsprechend, die großen theologischen Zusammenhänge sichtbar zu machen, fest, dass Christus in vielfältiger Weise im Gottesdienst der Kirche gegenwärtig ist. Und ohne dass diese Formen in ihrer Unterschiedlichkeit eingeebnet würden, werden sie doch parallel genannt. Das bedeutet aber für den geistlichen Vollzug, dass die Begegnung mit Christus, die Erfahrung seiner Gegenwart, nicht allein in der Eucharistie, in der Kommunion möglich ist, sondern etwa auch in der Gemeinschaft der zur Liturgie versammelten Gemeinde und eben im Wort Gottes. Das kann gerade für das ökumenische Miteinander im Gottesdienst eine wichtige Hilfe bieten. Die Unmittelbarkeit der Christusbegegnung ist auch im Hören des Wortes und in den anderen genannten Weisen gegeben.

Tobias Licht

Taufe

KAPITEL 2

„Ich habe dich beim Namen gerufen, du gehörst mir"

Die christliche Taufe als Ruf in die Freiheit

Erinnern Sie sich noch an Ihre Taufe? Vermutlich nicht. Auch wenn die Zahl der Erwachsenentaufen in den letzten Jahren angestiegen ist, empfängt in Europa und Nordamerika die überwältigende Mehrzahl der Menschen die Taufe im Säuglingsalter. Die Taufe steht bei uns zumeist am Anfang eines Menschenlebens, und dafür gibt es gute Gründe. Die Taufe ist ein Anfang. Und doch ist es keine Frage, dass die Taufe auch eine Lebenswende ist.

Im ersten Kapitel des Markusevangeliums heißt es: „Nachdem man Johannes ins Gefängnis geworfen hatte, ging Jesus wieder nach Galiläa; er verkündete das Evangelium Gottes und sprach: Die Zeit ist erfüllt, das Reich Gottes ist nahe. Kehrt um, und glaubt an das Evangelium!" (Mk 1,14 f) Jesus, der die Nähe Gottes verkündet, qualifiziert die Jetztzeit, unsere Lebenszeit als Entscheidungszeit. Er fordert uns auf, dem nahenden Gott nicht den Rücken zuzukehren, sondern das Gesicht. Jesus ruft uns in ein Leben vor Gottes Angesicht.

Ruf in die Freiheit

Die Taufe ist eine Lebenswende, und sie ist ein Anfang. Doch die Entscheidung eines Menschen, im Leben neu zu beginnen, steht nicht am Beginn. Auch der erwachsene Täufling spendet sich die Taufe nicht selbst. Unsere Hingabe antwortet auf eine Vorgabe: Gott hat das erste Wort. „Fürchte dich nicht, denn ich habe dich ausgelöst, ich habe dich beim Namen gerufen, du gehörst mir" (Jes 43,1). Gott selbst richtet im

Jesajabuch diese tröstenden Worte an sein Volk Israel, ein Volk unter Fremdherrschaft und im fremden Land. Bringen diese Verheißungsworte nicht zum Ausdruck, was jedem einzelnen Menschen in der Taufe zugesagt wird und widerfährt?

In der Taufe werden wir beim Namen gerufen. Die Namensgebung bedeutet: Dieses Menschenkind muss sich nicht erst einen Namen machen. Es braucht sich um seinen Ruf nicht zu sorgen. Bei Gott hat es schon einen Namen. Es hat einen guten Ruf. Dieser Ruf löst uns aus. Er löst uns aus drückenden Abhängigkeiten und eröffnet uns jenen Freiraum, in dem wir wieder handlungsfähig werden, in dem wir ein eigener Mensch werden. Gott ruft Menschen nicht kollektiv, sondern jeden und jede besonders. Was macht uns so besonders? Für Karl Rahner bewirkt das „je neue, unableitbare und immer wieder einmalige Wunder einer allerpersönlichsten Liebe von göttlicher Radikalität und Einmaligkeit", dass „der Geliebte selber durch diese Liebe ein absolut Einmaliger" ist. Oder ganz einfach, aber immer noch mit Karl Rahner gesagt: „Es ist wirklich wahr, dass Gott jeden bei seinem Namen gerufen hat."

Wendung des Ichs zu sich

In seinen CONFESSIONES schreibt der Kirchenvater Augustinus: „Du aber, Herr, wandtest mich zu mir selbst" (CONFESSIONES VIII,7,16). Ein wichtiges Wort. Die von Gott eingeleitete Lebenswende, die Wende zu Gott ist zugleich eine Wende des Ichs zu sich. Gott will, dass der Mensch zu sich kommt, Gott will unsere Zuwendung sogar zu den eigenen Schwächen und Dunkelheiten. Weil uns Gott entgegenkommt, brauchen wir der Begegnung mit dem eigenen Selbst nicht mehr auszuweichen. Sie wird nun möglich in einer Tiefe, in die wir ohne das tröstliche Geleitwort Gottes nicht hinabzusteigen wagten. In dieser Tiefe hat der Mensch den Ruf Gottes vernommen.

Gewebe aus Wort und Antwort

Um das Jahr 215 beschreibt der Presbyter Hippolyt aus Rom den Vorgang der Taufspendung folgendermaßen: Vom Diakon geleitet, steigt der nackte Täufling ins Wasserbecken, an dessen Rand der taufende Bischof oder Priester steht. Nun werden vom Täufer drei Fragen über seinen Glauben an Vater, Sohn und Geist an den Täufling gerichtet. Dreimal, jeweils nach seiner Antwort „Ich glaube", wird der Täufling untergetaucht.

Das dreifache Eintauchen wird also von der dreifachen Frage und einer dreifachen bekennenden Antwort begleitet. Das Wort, das im Sakrament der Taufe zum Zeichen hinzutritt, ist ein Zwiegespräch. Die Taufe ist so ein deutlicher Ausdruck der personalen und dialogischen Struktur unseres Glaubens: Gottes Heil erschließt mir etwas, „was ich mir selbst nicht geben kann, das ich nur empfangen kann mit aller Zustimmungskraft meiner mir von Gott geschenkten Freiheit" (Joseph Ratzinger).

In der Taufe geben wir unvertretbar Antwort. Wer als Kind getauft wurde, geht diesen Schritt bei der Firmung im Alter der Mündigkeit. Dieser Schritt ist unabdingbar. Darum heißt auch unser Glaubensbekenntnis, das aus dem Frage-Antwort-Geflecht der Taufe entstanden ist, noch heute „Credo" – „Ich glaube".

Die Taufe ist eine Lebenswende. Gottes Zuwendung befreit uns von alten Abhängigkeiten. Sie bedeutet und bewirkt unsere Zuwendung zu Gott und zum eigenen

Ich. Und sie öffnet den Menschen für die Beziehung zu anderen Menschen. Unser „Credo" ist auch ein „Credimus", ein „Wir glauben". In Wort und Tat gibt die Glaubensgemeinschaft Kirche ihren Glauben weiter. Im Sakrament der Taufe öffnet sie sich feierlich dem Menschen, der sich dem Ruf in das neue Leben und in den neuen Lebensraum, in die Gemeinschaft der Glaubenden öffnet.

Quellort gleicher Würde für alle

In der Taufe beginnt für jeden Menschen etwas Neues, und dieses Neue ist zugleich das bei Gott Ursprüngliche. Im Galaterbrief schreibt Paulus: „Ihr seid alle durch den Glauben Söhne Gottes in Christus Jesus. Denn ihr alle, die ihr auf Christus getauft seid, habt Christus als Gewand angelegt. Es gibt nicht mehr Juden und Griechen, nicht Sklaven und Freie, nicht Mann und Frau; denn ihr alle seid einer in Christus Jesus" (Gal 3,26–28).

Dieses alte Taufbekenntnis gibt die Richtung vor: Alle Unterschiede in Rang und Geltung werden hinfällig angesichts der neuen, gemeinsamen Würde der Gotteskindschaft, deren Geschenk wir in der Taufe feierlich annehmen. Mit der Nennung des Taufnamens, des Namens eines Christenmenschen, wird jeder und jede Einzelne unwiderruflich in die Würde als Sohn und Tochter Gottes eingesetzt. Wer die Würde dieses Menschen antastet, tastet Gottes Würde an! Die Taufe begründet die Christenrechte in der Kirche und vertieft die Menschenrechte in der Gesellschaft. Wo Menschen nach ihrer ethnischen Herkunft, ihrem Marktwert, ihrem Geschlecht sortiert werden, entsteht ein skandalöser Widerspruch zu dem, was ihnen in der Taufe öffentlich und unauslöschlich zuteil wurde.

Jesu Weg – unser Weg

Im Römerbrief deutet der Apostel Paulus die Taufe als Mitsterben und Mitauferstehen mit Christus (Röm 6,4 f). Das liturgisch-sakramentale Untertauchen in das Wasser der Taufe ist ein Eintauchen in die Wasser des Todes in Gemeinschaft mit Christus. Doch der Tod hat nicht das letzte Wort, sondern Gottes rettende Liebe. Der Auftrieb der Gnade führt den Täufling mit Christus zu neuem Leben. Ein Leben, das uns ein für alle Mal gewährt ist und das es zugleich zu bewahren, zu bewähren und zu bewahrheiten gilt.

Sklavenmal und Kreuzeszeichen

Mindestens dreimal wird im Taufritual das Kreuzeszeichen über dem Täufling gemacht: am Ende des Wortgottesdienstes, beim dreimaligen Übergießen mit Wasser und bei der Salbung mit Chrisam.

In der Antike war es üblich, Sklaven und Sklavinnen durch ein Brandmal als Eigentum ihres neuen Herrn zu kennzeichnen. Auf dem Hintergrund dieser Alltagserfahrung betont Paulus, dass der Mensch einem Sklaven gleiche, dessen Herr die Sünde ist. Durch die Taufe wird der Mensch aus dieser Sklaverei losgekauft und einem neuen Herrn übereignet (Röm 6,22 f). Für Paulus ist die Taufe das öffentliche Siegel, das den Übertritt des Menschen aus der Sklavenherrschaft der Sünde in die neue und befreiende Bindung an Gott anzeigt und bewirkt. Das Kreuzeszeichen der Taufe sagt Nein zu jedem Sklavenzeichen, das Menschen und Mächte dem Täufling einbrennen wollen – und einbrennen werden. Unter diesem Zeichen gehört er oder sie nichts und niemandem, auch nicht den Eltern, auch nicht der Gemeinde. Das Kreuzeszeichen ist das Nein

Gottes zu jeder Beschlagnahmung und Vereinnahmung dieses Menschen: Er ist frei. Wer getauft ist, ist frei, sich auf das Leben und die Liebe einzulassen: in Christus. Ob wir nun als Kinder getauft wurden oder als Erwachsene – sich an diese Taufe zu erinnern, tut gut und tut not.

Susanne Sandherr

Bad der Wiedergeburt

„The supreme vice is shallowness" – der schlimmste Fehler sei Oberflächlichkeit, schreibt Oscar Wilde aus dem Gefängnis. Oberflächlichkeit – ein Bildwort, das anscheinend mit Wasser zu tun hat. Wer nicht hinabtaucht, bekommt die Korallen am Meeresboden nicht zu sehen. Eine Nussschale verkraftet den Seegang wesentlich schlechter als ein Ozeanriese, dessen Kiellinie meterweit unter die Wasserlinie reicht. Ein Netz, das an der Oberfläche treibt, wird andere Fische fangen als eines, das tief unten durchs Wasser gezogen wird.

Taufe und Tiefe

„Taufe" hat zwar mit „Tiefe" zu tun, aber – haben wir Christen Tiefgang? So mancher möchte dies verneinen, wenn er auf unsere heute noch weit verbreitete Taufpraxis des Übergießens blickt, wo allenfalls der Kopf leicht benetzt wird. Da galt für die frühe Kirche schon anderes, in der der Täufling wirklich untergetaucht wurde. Darin kam deutlicher zum Ausdruck, dass wir auf den Tod Christi Jesu getauft sind (vgl. Röm 6,4). Andererseits – bliebe solche Kritik nicht selbst äußerlich? Gewiss, die symbolträchtige Handlung des Untertauchens spricht eine sehr eindringliche Sprache, doch möchte das Sakrament unser Leben verwandeln, und es kommt – gleich, in welcher Form getauft wird – darauf an, wie das Sakrament für und in uns wirksam wird. Was aber geschieht bei der Taufe? Was passiert mit uns dabei?

Hineingetaucht in Jesu Tod

Gehen wir der Frage nach, inwiefern die Taufe und ihr zentrales Geschehen, das Untertauchen, mit Jesu Botschaft von der Gottesherrschaft in Verbindung stehen.

Als zeichenhafte Vorwegnahme des drohenden Gerichts hatte Johannes seine Taufe verkündet. Wer sich von ihm taufen ließ, besiegelte dadurch die eigene Umkehr zu Gott: In der Gesinnung von Psalm 51 ließ man in der Taufe Gottes Gericht an sich geschehen, um darin seiner vergebenden Gnade zu begegnen und fortan in erneuerter Gemeinschaft mit ihm zu leben. Die Taufe bringt schon bei Johannes die Abkehr von der eigenen Gottlosigkeit und die Neuausrichtung an Gott und seinem Willen zum Ausdruck. Paulus scheint an der erwähnten Römerbriefstelle diesen Gedanken mit Jesu Tod zu verknüpfen: Wer sich zu Jesus bekennt, lässt sich auf seinen Tod taufen. Daran erscheint uns die Rede von der „Taufe auf Jesu Tod" zunächst schwer verständlich. Im griechischen Urtext jedoch wird „baptízein", das sich von „báptein", „eintauchen", ableitet, mit „eis" – „in hinein" – verbunden: Wir werden „in" Jesu Tod „hineingetaucht", wir gehen zeichenhaft seinen Weg des Vertrauens und Gehorsams gegenüber dem Vater mit, den Weg, von dem er selbst am Kreuz nicht wich, den er vielmehr in seinem Sterben vollendete. Dieses vertrauende Sich-Einlassen auf das „Untergehen" im Taufwasser kommt meines Erachtens sehr schön in dem von Hippolyt überlieferten Taufritus zur Geltung. Dort fragt der Diakon den Täufling dreimal: „Glaubst du an ...", worauf dieser jedes Mal „Ich glaube" antwortet und daraufhin vom Diakon untergetaucht wird. Das Untertauchen erscheint so als der im Zeichen vorweggenommene Ernstfall, in dem sich das zuvor ausgesprochene Bekenntnis bewähren muss.

Auf den dreieinen Gott vertrauen

Wenn wir uns nun an Matthäus 28,19 erinnern, jene Stelle, die der dreiteiligen Struktur des altkirchlichen Taufritus zugrunde liegt, tritt ein Weiteres hinzu. Die Taufe auf den Namen des dreieinigen Gottes lautet griechisch genauso wie die Taufe auf den Tod Jesu bei Paulus: „Tauft" alle Menschen „in den Namen des Vaters, des Sohnes und des Heiligen Geistes". Hier mutet es an, als sei es die Gottheit selbst, in die der Täufling eintaucht – eine auf den ersten Blick befremdende Vorstellung. Sieht man aber, dass das „Glauben an" in der Frage des Diakons (und zu Beginn des „Credo") lateinisch „credere *in*" und griechisch „pisteúein *eis*" heißt, dann treten Bekenntnis und Taufakt in ein paralleles Verhältnis: Der Glaube „in" Gott, oder, weniger sperrig, das Zutrauen zu Gott drückt sich aus im Eintauchen ins Wasser. Das mehrdeutige Ursymbol Wasser steht hier also nicht nur für Bedrohlichkeit und Lebendigkeit schlechthin, sondern für das überwältigende Geheimnis, das wir Gott nennen (man erinnere sich an das Zusammenstürzen der Wogen in Ps 42,8; 88,8, andererseits an die Quelle lebendigen Wassers in Ps 36,9f, Jer 2,13). Wer in der Taufe seinen Glauben bekennt und im Wasser untertaucht, gibt sich ganz jener Wirklichkeit anheim, die uns in ihrer Unbegreiflichkeit ängstigt, von der wir uns aber zugleich ins Leben gerufen und immer neu belebt fühlen.

In der Wolle gefärbt

Schließlich mag ein dritter Aspekt dazu beitragen, den Sinn von Taufe zu erschließen. In der griechischen Antike erscheint das Wort „bápten" sehr oft für „färben" im Zusammenhang der Textilherstellung. Auf den ersten Blick klingt die Verbindung mit der Taufe abwegig, aber der Bildgehalt spricht für sich: Wer in etwas hineingetaucht wird, wird davon durchtränkt, ja nimmt dessen Farbe an. Macht man sich die Stellen bewusst, an denen vom Anziehen Jesu bzw. des neuen Menschen die Rede ist (vgl. Röm 13,14; Gal 3,27; Eph 4,24), so wird plausibel: Christen sind von Jesu Hingabe erfüllte, man könnte sogar sagen, in der Wolle gefärbte Gotteskinder.

Untergang und Auftrieb

Ob wir das Untertauchen als Erwachsene bewusst erfahren oder uns das Widerfahrnis der Kindheit vergegenwärtigen, indem wir Taufen anderer mitfeiern und in der Osternacht unser Taufversprechen erneuern: Die Taufe ist der Anfang eines Weges, auf dem wir uns immer mehr auf Gott „verlassen" lernen. Auf dem wir, Petrus gleich, dem Herrn voll Glauben über das Wasser entgegengehen und doch immer wieder von unseren Sorgen überwältigt werden. Sie ist der Anfang unseres Weges, auf dem wir uns an Jesu Hand in ein Vertrauen einleben, das uns in den Untergängen des Alltags auf Gottes Treue hoffen lässt. Ein Vertrauen, das uns die Zuversicht schenkt, in unserem letzten Un-

tergang dem unergründlichen Geheimnis, der Lebensfülle selbst zu begegnen.

Johannes Bernhard Uphus

Wasser der Sintflut – Wasser des Lebens

Werden bei einer heutigen Säuglingstaufe aus einem
kleinen Kännchen geringe Mengen Wasser über den
Kopf des Kindes gegossen und mit einer Schale aufgefangen, so wird nur wenig von der Dramatik erkennbar, die der Taufvollzug in der Liturgiegeschichte haben konnte und auch heute haben könnte. Dabei war
und ist die mögliche Dramatik kein Selbstzweck, sondern unterstreicht die biblischen und allgemein menschlichen Bezüge des Wassermotivs. Sie macht für alle
erfahrbar, was nach christlichem Glauben in der Taufe
geschieht: die Hineinnahme in Tod und Auferstehung
Jesu Christi!

Biblische Wasser

Wasser spielt in der Bibel eine wichtige Rolle. Zunächst einmal ist es grundlegendes Nahrungsmittel des
Menschen, ohne das niemand leben kann. Diese positive Eigenschaft des Wassers wird immer im Gegensatz
zur Gefährdung durch Trockenheit, Durst und Dürre
gesehen. Deshalb bringen die Gläubigen ihren Dank
für und ihre Bitte um Wasser vor Gott, ja selbst ihr
Streben nach Gott kann mit dem Durst verglichen
werden: „Wie der Hirsch lechzt nach frischem Wasser,
so lechzt meine Seele, Gott, nach dir" (Ps 42,2). Wie
Wasser zum Stillen des Durstes, so ist Gott für die
Lebenssehnsucht der Menschen unersetzlich.

Daneben steht die reinigende Kraft des Wassers, die in vielen Psalmen mit der Vorstellung verbunden wird, dass Sünde und Schuld wie Schmutz an einem Menschen haften, aber eben auch durch Gott abgewaschen werden können: „Entsündige mich mit Ysop, dann werde ich rein; wasche mich, dann werde ich weißer als Schnee" (Ps 51,9). Entsprechend der Schwere der Schuld kann diese Vorstellung bis zu einem Ertränken entfaltet werden, wie dies in der Sintflutgeschichte geschieht (vgl. Gen 6–7). Hier wird die sündige Welt vernichtet, um die Sündlosen zu retten. Diese vernichtende Kraft des Wassers steht den Menschen der Bibel ständig vor Augen. So erweist sich die grundlegende Erwählungs- und Gotteserfahrung Israels in der Herausführung aus der Sklavenherrschaft Ägyptens und dem Durchzug durch das Rote Meer. Diese wundersame Errettung vor den Wasserfluten kennzeichnet den fundamentalen „Herrschaftswechsel", der an Israel geschieht und durch den es Eigentum Gottes wird. Die Glaubenden wissen: An diesem Gott entscheidet sich wie bei der Errettung Israels aus den drohenden Fluten für den Einzelnen Tod und Leben.

Existenzwechsel

All diese Aspekte reichen in die christliche Taufe hinein. Sehr schön werden sie in den verschiedenen Formen des Gebets zur Taufwasserweihe „Lobpreis und Anrufung Gottes über dem Wasser" deutlich, die das heutige Taufformular anbietet. In einer Reihe heilsgeschichtlicher Motive wird zum Beispiel im ersten Formular an die Wasser der Urflut, die Sintflut, den Durchzug durch das Rote Meer, die Taufe Jesu im Jordan und das Fließen von Blut und Wasser aus der Seite Jesu bei der Kreuzigung angeknüpft, bevor um die Heiligung des Taufwassers zum Wasser der Wiedergeburt gebetet wird.

All diese Motive wollen den radikalen Existenzwechsel deutlich machen, der mit der Taufe verbunden ist, der bei den von uns praktizierten Säuglingstaufen aber nur schwer erfahrbar wird. Es geht um das Ablegen des alten, sündigen Menschen und eine Wiedergeburt zu einer neuen Existenz. Sehr schön wird dieser Aspekt im sogenannten „Sintflutgebet" Luthers – einem Äquivalent zum Taufwasserweihegebet – deutlich, wenn es für den Täufling bittet, „dass durch diese heilsame Sintflut an ihm ersaufe und untergehe alles, was ihm von Adam angeboren ist und er selbst dazugetan hat". Das Motiv der Sintflut wird dann weiter fortgeführt und positiv gewendet, indem man für den Täufling bittet, dass „er aus der Ungläubigen Zahl gesondert in der heiligen Arche der Christenheit trocken und sicher" erhalten werde.

Der Apostel Paulus bringt diesen Existenzwechsel in unüberbietbarer Weise im Römerbrief zum Ausdruck (Römer 6 ist deshalb auch die Epistellesung der Osternacht), wenn er die Taufe als Begräbnis versteht: „Wir wurden mit ihm begraben durch die Taufe auf den Tod; und wie Christus durch die Herrlichkeit des Vaters von den Toten auferweckt wurde, so sollen auch wir als neue Menschen leben" (Röm 6,4). Taufe ist Hineinnahme in Tod und Auferstehung Jesu Christi.

Die Symbolik des Taufaktes

Diese Dramatik des Geschehens konnte so lange im Taufakt erfahren werden, als die Erwachsenentaufe praktiziert wurde: Die Taufbecken hatten teilweise Treppen, mittels derer ein Durchzug durch das „Rote Meer" vollzogen wurde. Der Täufling konnte im Wasser stehend mit Wasser übergossen werden (viele antike Darstellungen der Taufe Jesu legen dies nahe), um so das Abwaschen der Sünden anzudeuten. Er konnte aber auch ganz in das Wasser eingetaucht, das heißt gelegt werden, um so eine Bestattung zu simulieren, der eine „Auferweckung" folgte.

Als dann die Kinder- und Säuglingstaufe üblich wurde, wurden zwar keine großen Taufbecken mehr in die Kirchen gebaut, sie behielten aber immer noch eine Größe, die ein Untertauchen des Kindes ermöglichte, wie es die Ostkirchen noch heute praktizieren. Sprachlich bleibt diese Bewegung auch im Deutschen präsent, wenn als Aufgabe der Paten beschrieben wird, „das Kind aus der Taufe zu heben". Zu einem Übergießen des Täuflings fordern die liturgischen Bücher vielfach erst seit dem 16. Jahrhundert auf – ohne dass man genau festmachen könnte, wann der Wechsel vom Untertauchen zum Übergießen stattgefunden hat.

Heute erhalten diese Fragen neue Bedeutung, weil Erwachsene vermehrt nach der Taufe fragen. Obwohl bereits das Rituale für die Kindertaufe nach der Liturgiereform das Untertauchen als mögliche und bessere Taufform festhält, erlangt sie erst im Rahmen der Erwachseneninitiation wirkliche Relevanz. Nun werden in Gemeinden, die sich in besonderer Weise der Begleitung von Katechumenen widmen, große Taufbecken gebaut, die ein Stehen im Wasser oder ein Untertauchen Erwachsener ermöglichen und so die Taufe als wirkliches „Bad der Wiedergeburt" sinnlich erfahrbar werden lassen.

Friedrich Lurz

Die Feier der Kindertaufe

Die Neuentdeckung des Katechumenats für Erwachsene und Jugendliche gilt zu Recht als eine der hoffnungsvollsten Entwicklungen im kirchlichen Leben der vergangenen Jahre. Zum einen ist die deutlich vergrößerte Zahl Erwachsener, die um die Taufe bitten, schon an sich hocherfreulich. Vom Erwachsenenkatechumenat gehen zum anderen aber auch zahlreiche weiterführende Impulse aus: In der Liturgie der Gemeinden entdeckt man die zumeist noch unbekannten Stufenriten des Katechumenats, die Pastoral gewinnt ein neues Interesse an den Erwachsenen als Zielgruppe. Vor allem aber begegnet die Seelsorge in den Gemeinden immer häufiger Menschen in einer quasi-katechumenalen Situation, die also, obwohl getauft, Glaube und Kirche entfremdet und auch hinsichtlich ihres Glaubenswissens nicht zu einem bewussten, persönlich verantworteten Glaubensvollzug fähig sind. Für ihre Begleitung hat der Katechumenat Modellcharakter.

Neue pastorale Gegebenheiten

Vor diesem Hintergrund sind nun auch die Akzente zu verstehen, die in der Neuausgabe des Rituales „Die Feier der Kindertaufe in den Bistümern des deutschen Sprachgebietes" von 2007 gesetzt werden. Zielsicher antworten sie auf die neuen pastoralen Gegebenheiten. Die liturgischen Texte werden ergänzt durch eine in der Reihe Arbeitshilfen der Deutschen Bischofskonferenz erschienene Pastorale Einführung und einen ausführlichen hinführenden Text Neuausgabe des Rituale „Die Feier der Kindertaufe" – Ankündigung der deutschen Bischöfe mit weiteren

Erläuterungen (Amtsblatt der Erzdiözese Freiburg 2008, Nr. 1 vom 4.1.2008, S. 201 f., Nr. 206).

Verbindung von Glaube und Taufe

Die Texte gehen ausführlich auf die gegebene pastorale Situation, namentlich die veränderten Voraussetzungen ein, die die Eltern der Täuflinge heute mitbringen. Da „Glaube und Taufe untrennbar miteinander verbunden sind" (PASTORALE EINFÜHRUNG, 10), bei der Kindertaufe jedoch – anders als beim Erwachsenenkatechumenat – das Hineinwachsen in den Glauben erst nach der Taufe durch Beispiel und Unterweisung in Familie, Kindergarten, Schule und Gemeindekatechese geschieht, kommt hier den Eltern und Paten eine Schlüsselstellung zu. Was aber, wenn Eltern, die ihr Kind zur Taufe anmelden, dem Glauben und der Kirche entfremdet sind? Immer häufiger begegnen Seelsorger und Seelsorgerinnen dieser Situation. Es wird deutlich, dass die pastorale Begleitung der Eltern den eigentlichen Schwerpunkt heutiger Taufpastoral darstellt.

Taufe und Glaubenserziehung

Zunächst wird grundsätzlich festgehalten, dass Eltern, die die Taufe ihres Kindes wünschen, sich aber nicht imstande sehen, den Glauben zu bekennen und ihr Kind christlich zu erziehen, eine andere Person benennen müssen, die diese Aufgabe übernimmt. Wo „Eltern den christlichen Glauben ablehnen, jedes vorbereitende Gespräch verweigern oder aus der Kirche ausgetreten sind und keine Bereitschaft zeigen, anderweitig für die Glaubenserziehung ihres Kindes zu sorgen, ist in der Regel ein Taufaufschub angezeigt" (PASTORALE EINFÜHRUNG, 17/ANKÜNDIGUNG, 5).

Zweistufige Tauffeier

Neu ist, dass für Eltern, die selbst erst in den Glauben hineinwachsen müssen, ein Ritus einer „Feier der Kindertaufe in zwei Stufen" angeboten wird, der die Möglichkeit einer sich über längere Zeit erstreckenden Elternkatechese eröffnet. (Für das Erzbistum Vaduz wurde dieser Ritus nicht approbiert.) Der Gottesdienst der ersten Stufe, die „Feier der Eröffnung des Weges zur Taufe" ist ganz geprägt von der Freude über die Geburt des Kindes („Lobpreis Gottes und Dank für die Geburt"), wobei in eigenen Texten auch die Sorgen aufgenommen werden können, die mit der Geburt eines kranken Kindes verbunden sind. Die Feier umfasst weiter unter anderem eine „Besinnung auf die Namensgebung" und Riten, die sonst zum Katechumenat gehören: die „Bezeichnung mit dem Kreuz", das „Gebet um Schutz vor dem Bösen (Exorzismus-Gebet)" und die „Salbung mit Katechumenenöl". Die darauf folgende Elternkatechese über „einen angemessenen Zeitraum" zielt auf die „Vertiefung des Glaubens und die Intensivierung der Glaubenspraxis" der Eltern (EINFÜHRUNG, 16/ANKÜNDIGUNG, 4). In einem zweiten Gottesdienst, der die Kernriten der Tauffeier „Lobpreis und Anrufung Gottes über dem Wasser", „Absage und Glaubensbekenntnis", und die Taufe selbst umfasst, werden die Kinder dann in die Kirche aufgenommen.

Über diese zentrale neue Möglichkeit hinaus wurden für die Neuausgabe alle Texte des Taufritus überarbeitet und weitere Veränderungen vorgenommen. Unter anderem hat die „Bezeichnung mit dem Kreuz" mit veränderter Formel ihren Ort nun bereits in der Eröffnung der Feier, nicht mehr wie bisher im Anschluss an die Homilie.

Die Neuausgabe der FEIER DER KINDERTAUFE ist ein gelungenes Beispiel dafür, wie sich Liturgie und Seelsorge behutsam an veränderten Gegebenheiten orientieren können und so dem Leben der Menschen nahe bleiben. Ihre Verwendung ist seit dem ersten Adventssonntag (30. November) 2008 verpflichtend.

Tobias Licht

DIE FEIER DER KINDERTAUFE IN DEN BISTÜMERN DES DEUTSCHEN SPRACHGEBIETES, ZWEITE AUTHENTISCHE AUSGABE AUF DER GRUNDLAGE DER EDITIO TYPICA ALTERA 1973, FREIBURG/BASEL/WIEN (HERDER) – REGENSBURG (PUSTET) – FREIBURG [SCHWEIZ] (PAULUS) – SALZBURG (ST. PETER) – LINZ (VERITAS) 2007

DIE FEIER DER KINDERTAUFE. PASTORALE EINFÜHRUNG, JANUAR 2008, HRSG. VOM SEKRETARIAT DER DEUTSCHEN BISCHOFSKONFERENZ, BONN 2008 (ARBEITSHILFEN 220)

Firmung

KAPITEL 3

Stärkung und Sendung

Die Firmung als „Sakrament der Verantwortung"

Unser Wort „Firmung" verweist auf das lateinische Wort „firmare", das „stärken", „bestärken" heißt. Das Firmsakrament stärkt den getauften Menschen im Glauben und führt ihn tiefer in die Gemeinschaft der Glaubenden hinein. Mit Taufe und Eucharistie gehört die Firmung zur Trias der einführenden, der „Initiationssakramente". Nach der Apostolischen Konstitution Papst Pauls VI. über die Firmung (1971) wird diese durch eine Salbung der Stirn mit Chrisam gespendet. Die Salbung ist verbunden mit dem Auflegen der Hand, einem neutestamentlich bezeugten Zeichen der besonderen Geistmitteilung (vgl. Apg 8,14–17; 19,1–7). Die begleitenden Spendeworte lauten: „Sei besiegelt durch die Gabe Gottes, den Heiligen Geist" („Accipe signaculum doni Spiritus Sancti").

Geschichtlich gesehen hat sich die Firmung erst nach und nach aus dem Taufsakrament zu einem eigenen Sakrament ausgebildet: Zum Zeichen seiner königlichen und priesterlichen Würde wurde und wird der oder die Neugetaufte nach der Taufe gesalbt. Die Salbung des Hauptes durch den Bischof, aus der sich dann die Firmung entwickelte, krönte den Taufritus und schloss ihn ab. Die ursprüngliche Zusammengehörigkeit von Taufe und Firmung ist keine historische Kuriosität. Sie bleibt für das Verständnis des Firmsakraments bedeutsam.

„Der Herr hat mich gesalbt"

„Der Geist des Herrn ruht auf mir; denn der Herr hat mich gesalbt. Er hat mich gesandt, damit ich den Armen eine gute Nachricht bringe; damit ich den Gefangenen die Entlassung verkünde und den Blinden das

Augenlicht; damit ich den Zerschlagenen in Freiheit setze und ein Gnadenjahr des Herrn ausrufe" (Lk 4,18 f). Das im Lukasevangelium zitierte Wort des Propheten Jesaja (vgl. Jes 61,1 f) bezieht Jesus auf sich: Er ist der Gesalbte, der Messias, der mit dem Geist Gottes Gefirmte, das heißt Bestärkte. Seine Salbung ist seine Sendung. Bei dieser Salbung geht es nicht um Vorrechte, sondern um das Recht der Entrechteten, der Armen, Blinden, Gefangenen, Zerschlagenen. Die Geistsalbung Jesu ist seine Einsetzung zum Einsatz für die anderen. Das ist die gute Botschaft, die Jesus für sie hat: Dein Leben nimmt einen neuen Anfang – im Zeichen der anbrechenden Gottesherrschaft. Du kannst es mit allen Sinnen erfahren. Damit ist zugleich die Richtung unseres Nachdenkens über die Würde und die Sendung der Gefirmten bezeichnet.

„Einem jeden teilt er seine besondere Gabe zu ..."

Im ersten Korintherbrief schildert Paulus die Fülle und Vielfalt der Gaben, die er in der Gemeinde von Korinth wahrnimmt. Die Zuteilung dieser Geistesgaben liegt nicht in Menschenhand, sondern steht beim Heiligen Geist allein: „Das alles bewirkt ein und derselbe Geist; einem jeden teilt er seine besondere Gabe zu, wie er will" (1 Kor 12,11). Die lahmen Flügel meines Lebens und Liebens bringt Gottes Geist liebevoll, machtvoll in Schwung. Dabei lässt er sich so wenig zähmen wie Wasser und Wind.

In unserer gemeinsamen und individuellen Begabung mit Heiligem Geist liegt die Würde und Unantastbarkeit des christlichen Gewissens begründet. Die Getauften und Gefirmten sind keine kirchlichen Untertanen, sondern voll verantwortliche, geistbegabte Glieder des Gottesvolkes.

„… damit sie anderen nützt"

In der Antike war die christliche Taufe eine Taufe Erwachsener. Als die Kindertaufe zur Regel wurde, ergab sich die Notwendigkeit eines bewussten und persönlichen Glaubenszeugnisses, welches das stellvertretende Bekenntnis einzuholen vermochte. In der Firmung hat dieses Ja seinen Ort. Die evangelische Tradition besitzt mit der Konfirmation, in der sie allerdings kein Sakrament sieht, eine vergleichbare Feier der Stärkung und Sendung und ihrer bewussten Bejahung.

Niemand besitzt alle Gaben. Aber jeder und jede wird vom Geist Gottes begabt und ist nunmehr für das anvertraute Gnadengeschenk verantwortlich. Denn die Gaben des Geistes sind zugleich Aufgaben. Aufgaben, die uns fordern, aber nicht überfordern: Firmung ist Stärkung und Sendung zugleich. Durch die Geistsalbung empfangen wir mit dem Auftrag die Kraft, Verantwortung zu übernehmen: in der Gemeinde, für die Welt. „Jedem aber wird die Offenbarung des Geistes geschenkt, damit sie anderen nützt" (1 Kor 12,7).

„… gleichsam das Vollalter des geistlichen Lebens"

Wann firmen? Die Frage ist bis heute umstritten. Ursprünglich krönte der Empfang der Eucharistie den Weg der Gläubigen in die Kirche. Heute hat sich die Ordnung verschoben; die Erstkommunion geht der Firmung zumeist voraus. Diese Veränderung ist gewiss nicht auf die leichte Schulter zu nehmen. Begreift man jedoch die Firmung als Sakrament der persönlichen Antwort auf Gottes wirksames Wort und so als Sakrament der Verantwortung, dann gibt es bleibende Gründe für die kirchliche Praxis, junge Erwachsene zu firmen.

Das Erwachsenwerden im Glauben ist zuerst und zuletzt ein Geschenk. Der heilige Thomas drückt diesen Gedanken so aus: „In der Firmung aber empfängt der Mensch gleichsam das Vollalter des geistlichen Lebens."

„Löscht den Geist nicht aus!"

Um die menschliche Offenheit für das Wirken des Heiligen Geistes ist es dem Theologen Karl Rahner zeitlebens gegangen. Eindringlich warnte er vor 40 Jahren vor den Versuchungen der Besserwisserei, der Herzensträgheit und der Feigheit in der Kirche und warb dafür, dass wir „hellhöriger, vorsichtiger, zuvorkommender auf die leiseste Möglichkeit achten, dass sich irgendwo der Geist regt, der nicht schon in die amtlichen Formeln und Maximen der Kirche und ihrer amtlichen Stellen eingegangen ist". Ob in unserer Kirche die Sehnsucht nach den überraschenden Gaben des Heiligen Geistes wächst oder stirbt, ist nicht gleichgültig für die Zukunft des Firmsakraments.

Susanne Sandherr

Mit Gottes Geist gesalbt

Immer mehr Menschen empfangen als Erwachsene die Firmung, und zwar regelmäßig in ein und derselben Feier: nach der Taufe und vor ihrer ersten Teilnahme am eucharistischen Mahl. Gleichwohl werden heute und wohl auch in Zukunft viele Christinnen und Christen in einem Alter gefirmt, das sie körperlich und seelisch vor erhebliche Fragen und Herausforderungen stellt. Die beginnende oder sich bereits voll auswirkende Pubertät konfrontiert Mädchen und Jungen mit der Ausbildung ihrer Geschlechtlichkeit und einer letzten Phase intensiven Wachstums. Ohne ihr Zutun werden sie erwachsen. Sie können nicht umhin, sich mit ihrer neuen Rolle als eigenverantwortlich handelnde junge Frauen und Männer auseinanderzusetzen, und müssen lernen, sich in ihr zurechtzufinden. Zugleich spüren sie den Drang nach Freiheit in sich und möchten als eigenständige und von den Eltern unabhängige Personen ernst genommen werden. Von den vielen verschiedenen Kräften, die in dieser Situation auf sie einwirken, werden sie sehr in Anspruch genommen, nicht selten sogar überfordert. Meines Erachtens sollten wir diese zeitliche Situation der Firmung sehr ernst nehmen. Lassen Sie uns also bedenken, wodurch sich die Firmung auszeichnet und wie dies im Blick auf junge Menschen fruchtbar werden kann.

Salbung als Zeichen der Geistverleihung

Im Mittelpunkt der Firmung steht die Salbung, die sich als zeichenhafte Verleihung des Heiligen Geistes auf Jesaja 61,1 bezieht: „Der Geist Jahwes, meines Herrn, ruht auf mir; denn Jahwe hat mich gesalbt", heißt es dort im ursprünglichen hebräischen Wortlaut. Wenngleich es sich dabei um bildhafte Rede handelt, so fällt dennoch auf, dass es das Bild der Salbung, also einer leiblich-konkreten Zuwendung ist, mit dem die Verleihung von Jahwes Geist an den Sprechenden bezeichnet wird. Es ist dieses wohltuende und belebende Tun, durch das Jahwe seine Lebenskraft mitteilt. Wer von jemandem gesalbt wird, dem kann innere, seelische Nähe äußerlich-leibhaft spürbar werden. Gewiss, unter Menschen ist das kein Automatismus; unser Tun kann auch ohne innere Anteilnahme geschehen. Wenn aber Jahwe seine Lebenskraft, seinen eigenen Geist mitteilt, geht es immer um den Geist des „Ich-bin-da" (Ex

3,14), des seinen Geschöpfen zugewandten Gottes. Darum kann die sakramentale Salbung, auch wenn sie auf das Zeichen reduziert ist, die ganze Fülle von Gottes liebevollem Da-Sein für den und die Gesalbten zum Ausdruck bringen.

Stärkung durch die Gemeinde

Das heißt freilich nicht, dass wir bereits Gefirmten als Gemeinde, die die Firmlinge in ihre Mitte aufnimmt, uns mit der Wirksamkeit des Zeichens begnügen dürften. Im Gegenteil: Von Jahwe gesalbt, durch Jahwes Geist gestärkt – „gefirmt" – zu sein, bedeutet für den Propheten ja gerade, sich die Sorgen und Nöte der Mitmenschen zu eigen zu machen. Insofern möchte ich die Firmung als eine Gelegenheit sehen, bei der unsere Jugendlichen ihrer Gemeinde als einem Kreis von Menschen begegnen können, in dem sie mit ihren Fragen und Ungewissheiten aufgehoben sind, in dem sie in einer Phase intensiven Suchens tragende Weggemeinschaft erfahren. Zugleich aber – ich weise auf die Gegenseitigkeit hin, die auch bei der Krankensalbung eine Rolle spielt – wäre die Firmung ein Anlass, die jungen Menschen ihre Bedeutung für ihre erwachsenen Geschwister fühlen zu lassen: etwa, dass sie uns mit ihren Fragen nach dem Wohin ihres Lebens, mit ihrem Gerechtigkeitssinn, mit ihrer Sehnsucht, ganz angenommen und ernst genommen zu sein, immer neu auf ihn hin ausrichten, der unser Ziel, unsere Gerechtigkeit, unser geduldiger Vater ist.

Mut zur Mitte des Christseins

Vor einiger Zeit hörte ich von der Entscheidung einer Oberstufenschülerin, das für alle verpflichtende Sozialpraktikum bewusst auf einer Palliativstation zu absolvieren. Ich erfuhr von den Widerständen, die ihr aus ihrem Umfeld entgegenschlugen: Was willst du dich dem Umgang mit Sterbenden aussetzen? Meinst du, du erträgst das? – Sie ist bei ihrem Entschluss geblieben. Ihr Praktikumsbericht, den ich lesen durfte, spricht ohne schönzufärben von den Belastungen, die mit dieser Tätigkeit einhergingen, zugleich aber von der menschlichen Tiefe und Bereicherung, die aus den Begegnungen mit den Patientinnen und Patienten erwuchs. Nun muss solche Entschlossenheit, sich mit den Grenzbereichen des Lebens auseinanderzusetzen, nicht notwendig und in jedem Fall christlichen Hintergrund haben. Dass sich aber Jugendliche nicht nur auf diese Fragen einlassen, sondern sich tatsächlich dort engagieren, wo es um die Mitte unseres Christseins geht, muss uns als Kirche nachdenklich machen. Wie glaubwürdig vermögen wir ihnen zu vermitteln, dass es bei uns um mehr als die Stillung eines religiösen Bedürfnisses geht? Dass im Zentrum vielmehr unser ganzes Leben und die Haltung steht, wie wir ihm begegnen? Zugleich ist solches Engagement auch Grund zur Hoffnung: dass wir, die Kirche, die Jugendlichen zwar sicher nicht als weitere Facette einer Spaßgesellschaft, aber umso mehr in den Fragen erreichen werden, die sie im Innersten bewegen.

Firmung als Fest der Communio

Die Firmung, wenn wir sie als den Punkt betrachten, an dem wir spürbar zu Christen und Christinnen, zu „Gesalbten" werden, sollte jungen Menschen eine Feier sein, in der sie die Lebenshaltung der Hingabe – an Gott und aneinander – als beglückendes Ereignis erleben. In gewissem Kontrast zur Taufe und ihrem Eintauchen in das Geheimnis, das ja doch etwas Bedrohliches hat, sollte hier mit der Salbung das wohltuende Geschenk im Mittelpunkt stehen: der Geist Jesu, aus dem er seinen Weg bis zum Kreuzestod geht, der der Geist der Gemeinschaft, des Füreinander-da-Seins und des Miteinander-Lebens ist – der Geist jenes Gottes, der das Da-Sein-Für im Namen trägt. Firmung würde so in besonderer Weise Fest der Gemeinde als Communio, die Freude und Hoffnung, Trauer und Furcht miteinander teilt; sie wäre dann herausgehobenes Ereignis eines alltäglichen geschwisterlichen Miteinanders.

Johannes Bernhard Uphus

„Die Feier der Lebenswende" – eine „Light-Version" des Firmsakraments?
Ein ostdeutsches Projekt

„Es kann ja nicht jeder katholisch oder evangelisch sein!", war die Antwort eines Erfurter Ehepaars, das über die Familienpraxis, die „Jugendweihe" betreffend, befragt wurde. Deutlich erkennbar war, dass die Jugendweihe auch heute noch zur Familientradition gehört, auch wenn es keinen Sozialismus mehr gibt, der den Inhalt der Feier wesentlich bestimmt hatte. Da Konfirmation oder Firmung für viele 15-Jährige wegen fehlender Kirchenzugehörigkeit keine Möglichkeit darstellen, den Eintritt in die Eigenverantwortlichkeit zu feiern, wird das Angebot der Jugendweihe auch nach der Wende – jetzt angeboten von eingetragenen Vereinen – gerne angenommen.

Eine religiöse Feierform, die der Lebenswirklichkeit entspricht

Seit der Gründung des katholischen Gymnasiums in Erfurt 1992 werden dort ungetaufte Schüler und Schülerinnen aufgenommen und erhalten wie alle anderen Religionsunterricht. Ihnen werden das Kirchenjahr, die Heilige Schrift und die christlichen Werte vorgestellt, und sie begegnen in ihren Mitschülern und Lehrern Menschen, die aus dem Glauben leben. Als 1997 auch für ungetaufte Schüler und Schülerinnen der achten Klasse dieser Schule die Frage aufkam, wie sie ihr Erwachsenwerden feiern möchten, wurde ihnen das Angebot unterbreitet, zusammen mit einem Religionslehrer, Dompfarrer Dr. Hauke, eine neue Feierform zu entwickeln, die ihrer Lebenssituation entspricht. Sie sollte sich auch über die katholische Schule hinaus an ungetaufte Schüler und Schülerinnen der achten Klasse wenden, für Kirche und Religion offen sein und kreativ von den Schülern und Schülerinnen mitgestaltet werden. Mit vier Schülerinnen und Schülern des katholischen Gymnasiums begann das Projekt, das noch 1997 der Erfurter Öffentlichkeit vorgestellt werden konnte. Schließlich fanden sich zwölf Jugendliche zusammen, die bereit waren, die Feier mit einem katholischen Pfarrer und in den Räumen der Pfarrgemeinde vorzubereiten und zu gestalten. Zwischen 1997 und 2006 verlief die Vorbereitung der „Feier der Lebenswende" in folgender Weise (ab 2007 übernahm eine Gemeindereferentin die Planung, wodurch es zu kleineren Änderungen des Ablaufs gekommen ist):

• Im September wurden Eltern und Jugendliche zu einem Treffen eingeladen, an dem das Projekt vorgestellt und die Termine abgesprochen wurden.

- Im Oktober, November und Dezember trafen sich Eltern und Jugendliche, um die Räumlichkeiten der Kirche unter der Fragestellung kennenzulernen, wozu diese Räume geschaffen wurden und wie sie heute durch die Gemeinde genutzt werden. Dabei kam es darauf an, ihnen die Sinnhaftigkeit des christlichen Glaubens nahezubringen und die Bedeutung der Kirche für die Kultur einer Stadt und eines Landes zu erschließen.

- Im Advent waren Eltern und Jugendliche zu einem Adventsabend eingeladen, an dem ihnen durch Diavortrag und Gespräch die christliche Gestaltung des Advents und der Weihnachtszeit vorgestellt und die Zuordnung von Brauchtum und religiöser Praxis erklärt wurden.

- Ab Januar trafen sich die Jugendlichen mit dem Pfarrer, um die Feier konkret vorzubereiten. Zunächst wurde aus christlich geprägten Kurzgeschichten oder Gedichten ein literarischer Text ausgewählt, der bei der Feier vorgetragen werden und deren Thema bestimmen sollte. Ein erster persönlicher Schritt zur Gestaltung der Feier war die Erarbeitung einer Kurzbiografie der Jugendlichen unter der Fragestellung: Was hat mich in meinem bisherigen Leben geprägt? In der Feier wurde dieser Text dann von den Jugendlichen einzeln vorgetragen. Ferner präsentierten sie einen mitgebrachten Gegenstand, der ihnen im Lauf ihres bisherigen Lebens wichtig geworden war. Er fand anschließend auf einem selbstgestalteten Seidentuch Platz, das die Eltern während der Vorstellung ausgebreitet hatten und auf dem der bisherige Lebensweg des bzw. der Jugendlichen dargestellt war.

- Im Februar wurde die persönliche Zukunftsplanung überlegt und beschrieben. Bei der Feier wollten die

Jugendlichen auch das vorstellen und als Zeichen ihrer Hoffnung eine Kerze entzünden. Daneben wurde in diesem Monat zu einem Elternabend eingeladen, bei dem die Möglichkeit bestand, Fragen über „Gott und die Welt" zu besprechen. Bisweilen wurde bei dieser Gelegenheit um ein weiteres Gespräch mit einem Pfarrer gebeten, in dem die Eltern ihre Fragen an Kirche und Gemeinde formulierten, um die kirchliche Welt besser verstehen zu lernen und Wegweisung bei ihrer persönlichen Sinnsuche zu erhalten.

- Im März befassten sich die Jugendlichen anhand von Tageszeitungen mit aktuellen Fragestellungen, zu denen sie in Gruppenarbeit mögliche Problemlösungen erarbeiteten. Diese wurden im Rahmen der Feier vorgetragen und jedem Jugendlichen schriftlich mit nach Hause gegeben. Ebenfalls im März kamen die Jugendlichen an mehreren Samstagen ins Pfarrhaus, um dort für Obdachlose ein Mittagessen anzubieten und konkrete Hilfe in der Stadt zu leisten.
- Nach einer Sprechprobe im April fand die „Feier der Lebenswende" an einem Samstag im Mai statt. Sie wurde auch musikalisch von den Jugendlichen mit großem Engagement gestaltet.

Für Familien, die bisher kaum oder keinen Kontakt zu Kirche hatten, war dieses Projekt oftmals eine Chance, in den Innenbereich der Gemeinde zu schauen und Werte des christlichen Glaubens kennenzulernen. Es war eine große Dankbarkeit spürbar, die nach der Feier oft auch geäußert wurde – manchmal schlicht dadurch, dass in späteren Jahren weitere Geschwister für die Feier angemeldet wurden.

Die Jugendlichen im Blick

Seit 1998 wird das Projekt durch Vorträge und Artikel innerhalb und außerhalb der Kirche vorgestellt. Verschiedentlich wurde es in Beiträgen zur Liturgie, Katechese und Sakramentenpastoral thematisiert. Eine häufig gestellte Frage betrifft die Gemeinsamkeiten und Unterschiede in der Vorbereitung auf die „Feier der Lebenswende" und der auf Konfirmation und Firmung. Bisweilen kam auch der Vorwurf auf, mit diesem Projekt werde eine „Light-Version" für Konfirmation und Firmung angeboten, die diesen Feierformen „das Wasser abgräbt", da sie leichter vorzubereiten und zu praktizieren sei. Gegen diese Position ist zu betonen, dass es um ungetaufte Jugendliche geht, denen als solchen der Sakramentenempfang nicht möglich ist. Vielfach wurde jedoch positiv bemerkt, dass die konkrete geistige und „geistliche" Situation der Jugendlichen in diesem Projekt berücksichtigt wird, insofern es ihm vorrangig darum geht, sie ihr eigenes Lebensgefühl in christlicher Atmosphäre artikulieren zu lassen und sie mit dieser – wenn auch anfanghaft – in Kontakt zu bringen. Es geht um Jugendliche, die auf der Suche nach Orientierung für ihr Leben sind – innerhalb und außerhalb von Gemeinde und Kirche. Es geht um junge Menschen, denen an mehr gelegen ist als an Geld und Erfolg, die das Leben in seiner ganzen Ausdehnung zwischen Chancen und Niederlagen kennenlernen und Antworten auf die Frage finden möchten, wie man das Leben meistern kann. Sie mit diesen Anliegen – bei grundsätzlichem Verzicht auf Werbung jeglicher Art – in der Kirche Jesu Christi willkommen zu heißen, ist Sinn der „Feier der Lebenswende" und ihrer Vorbereitung.

Weihbischof Reinhard Hauke, Erfurt

Die sakramentalen Zeichen der Firmung in wechselnder Priorität

Die meisten Sakramente weisen in Ritengefüge, Zeichen und Deutung eine erkennbare Konstanz durch die Geschichte hindurch auf. Mit der Firmung gelangt ein Sakrament in den Blick, dessen Eigenständigkeit sich aber erst im Lauf der Liturgiegeschichte entwickelt hat.

Die Firmung in Antike und Mittelalter

Bei der antiken Eingliederung Erwachsener in die Kirche bildete diese Salbung den Abschluss des ganzen Taufritus. Die Salbung mit Chrisam durch einen Priester nach der Taufe (die als Vorgang selbst heute noch im Ritus der Kindertaufe existiert) wurde mit einer Salbung des Hauptes durch den die ganze Liturgie leitenden Bischof abgeschlossen, bevor die Neugetauften an dem eucharistischen Mahl der Osternacht teilnahmen. Erst mit der Teilnahme an der Eucharistie waren sie zu voll in die Gemeinschaft der Kirche eingegliederte Christen (das heißt „Gesalbte") geworden. Diese Salbung war in Rom verbunden mit einer Handauflegung und dem Gebet. Sowohl der Begriff „Consignatio" als auch der bald verwendete Name „Confirmatio" bezeichnen den Abschluss und die Bestätigung des Vorangegangenen.

Diese abschließende Salbung blieb im Westen weiterhin dem Bischof vorbehalten, obwohl die Diözesen in Mittel- und Nordeuropa große Territorien umfassten und nicht mehr wie im Mittelmeerraum eine Stadt mit umliegendem Gebiet. In der Folge entwickelte sich die Firmung einerseits zum eigenständigen Sakrament, das auf die im Säuglingsalter empfangene Taufe folgte;

andererseits wurde sie immer unregelmäßiger gespendet. Ob und in welchem Alter die Firmung gespendet wurde, hing nicht von theologischen Kriterien ab, sondern davon, wann ein Bischof in die Gemeinde kam. Aus bildlichen und textlichen Quellen wissen wir, dass es regelrechte Firmungen „in via", also unterwegs gab, für die ein Bischof bei einer Reise nur kurz vom Pferd stieg, wenn er ein Dorf passierte. Die Firmung konnte somit weiterhin bald nach der Taufe – also im Säuglingsalter – erfolgen; sie konnte genauso gut zeitlebens nicht empfangen werden.

Unterschiedliche Schwerpunkte der Deutung

Es darf nicht verwundern, wenn die Interpretation der Zeichen und Riten der Firmung in der Theologie keineswegs einheitlich und schlüssig war und ist. So wurde im Lauf der Geschichte die Handauflegung zu einer Handausstreckung über die Firmlinge, zu der der Bischof das zentrale Segensgebet der Firmung sprach. Die eigentliche Firmformel war relativ inhaltsleer. Das PONTIFIKALE (das Liturgiebuch für den Bischof) von 1725 führte dann bei der Firmung einzelner zusätzlich eine Handauflegung während der Salbung ein, die schon lange zu einer reinen Scheitelsalbung verkürzt worden war. Dass bei der Firmung mehrerer Gläubige von einer solchen Handauflegung nicht die Rede war, zeigt die Unsicherheit bezüglich des zentralen Zeichens an.

Zusätzlich spielten in der Deutung der Gläubigen im 2. Jahrtausend weitere Riten eine Rolle, obwohl sie theologisch völlig nebensächlich waren – ein Phänomen, das sich in der Liturgiegeschichte immer gerade dann beobachten lässt, wenn der Ritus selbst für die Gläubigen nicht durchschaubar und verständlich ist. So kannte der Römische Ritus bis zur Liturgiereform einen Backenstreich, der noch in meiner Kindheit im Erleben uns Firmlingen als das entscheidende Moment des Firmsakramentes erschien. Er tauchte im PONTIFIKALE des Durandus (13. Jahrhundert) erstmals auf. Sein Sinn kann nicht wirklich geklärt werden und wurde bereits bei Durandus selbst in verschiedene Richtungen interpretiert.

Ein weiteres Rituselement war der Schutz der Salbstelle mit einer Binde, die nach einiger Zeit feierlich entfernt wurde. Dieses Entfernen der Firmbinde wurde zum Beispiel nahen Verwandten, eventuell auch den Taufpaten als besondere Ehre zugestanden – und gelangte schließlich als eigener Ritus aus der Volksfrömmigkeit in die liturgischen Bücher der Diözesen nördlich der Alpen. Ab dem 18. Jahrhundert aber wurde die feierliche Entfernung der Firmbinde nicht mehr praktiziert.

Die Firmung heute

Der heutige Ritus integriert die Firmung in eine Messe. Der Zusammenhang mit der Taufe wird in der Erneuerung des Taufbekenntnisses deutlich. Theologisch wichtig ist das Gebet des Bischofs zur Handausstreckung über die Firmlinge, in dem um Sendung des Heiligen Geistes gebetet wird. Konstitutiver Akt des Sakraments bildet entsprechend der Entscheidung Pauls VI. aber die Salbung der Stirn mit Chrisam (in die die Handauflegung eingegangen ist) zusammen mit der Firmformel.

Insgesamt kann die Zeichengestalt der Firmung in ihrer Geschichte, aber auch im heutigen Ritus als nicht wirklich klar beurteilt werden. Das eigentliche Problem der Firmung stellt indessen die unterschiedliche theologische Füllung dar, die je nach Ansatz des Alters differiert, in dem die Firmung empfangen werden soll. Durch die seit einem Jahrhundert praktizierte frühe Erstkommunion im Grundschulalter und die schon länger geübte, relativ späte Firmung am Übergang zum Erwachsenenalter hat sich die Reihenfolge der Eingliederungssakramente in einer Weise verkehrt, die nicht ohne Auswirkung auf die theologische Deutung bleibt. Ähnlich wie die evangelische Konfirmation wird die Firmung heute meist als Sakrament der religiösen Mündigkeit gedeutet.

Friedrich Lurz

Eucharistie

KAPITEL 4

Gottes Brot für die Welt
Biblische Spuren lesen

Die Feier des eucharistischen Mahles bildet von den frühesten Anfängen an den Lebensmittelpunkt der christlichen Gemeinden. Der auferstandene und erhöhte Herr ist beim Mahl in der ganzen zum Gottesdienst versammelten Gemeinde lebendig. „In der Teilnahme am eucharistischen Opfer, der Quelle und dem Höhepunkt des ganzen christlichen Lebens, bringen sie das göttliche Opferlamm Gott dar und sich selbst mit ihm", formuliert das Zweite Vatikanische Konzil im Blick auf alle Getauften (LUMEN GENTIUM, 11). Die Herabrufung des Heiligen Geistes auf Gemeinde und Gaben macht sinnenfällig, dass die Eucharistie nicht in der Verfügungsgewalt einzelner Menschen oder einer Institution steht.

Auch uns ist das Sakrament der Eucharistie als Speise für unseren eigenen Lebensweg anvertraut. Die eucharistischen Gaben stärken uns als Söhne und Töchter Gottes, wie Gottes Gaben einst den lebensmüden und erschöpften Gottesboten Elija stärkten (1 Kön 19,1–8). Sie schenken auch uns die Gegenwart des Auferstandenen, die im Brotbrechen den Emmausjüngern gewährt worden ist (Lk 24,13–35).

Haftpunkte der Heilsgeschichte

Essen stiftet Gemeinschaft und setzt sie voraus. Wir essen und trinken, um leben zu können. Eine Mahlzeit dient aber nicht allein der Ernährung, zum Essen gehören Genuss und Freude. Alle Sinne sind daran beteiligt.

Essen und Nahrung spielen in den biblischen Traditionen eine große Rolle, nicht nur in der Erzählung vom Garten Eden (Gen 2). Verlangen, Mangel und Entbehrung, Hunger und Durst, aber auch gute Gaben und Gastfreundschaft sind Haftpunkte der Heilsgeschichte: Mit Gottes Hilfe findet Hagar für ihr verdurstendes Kind Wasser (Gen 21,14–19). Kochkünste spielen Jakob das Erstgeburtsrecht zu (Gen 25,29–34) und bringen ihm gar Isaaks Segen ein (Gen 27). Noch während des Festmahls für die Fremden, die Abraham ehrerbietig bedient, wird dem greisen Paar ein Erbe verheißen, ein Träger des Segens für alle Völker der Erde (Gen 18,1–19). Beim rituellen Paschamahl, das hastig und in Eile gegessen werden soll, erinnert sich Israel an seinen dramatischen Ausbruch aus der Sklavenexistenz in Ägypten (Ex 12,1–11). Der Gott des Bundes ist treu. Der Mannasegen in der Wüste gibt dem hungrigen Volk Kraft, den Weg fortzusetzen, statt zu den verlockenden Fleischtöpfen zurückzukehren (Ex 16), und der brennende Durst der Menschen wird auf den Gebetsschrei des Mose hin von Gott gelöscht (Ex 17,1–7). Mit eigener Hand bereitet Gottes menschenfreundliche Weisheit ein köstliches Mahl und lädt die Bedürftigen zu sich ein (Spr 9,1–6). Der Prophet Jesaja weiß von einem Freudenmahl auf dem Zion, zu dem der Herr auch die Völker lädt. Schmackhafte Speisen und feinste Weine wird Jahwe selbst auftischen. Ein Fest wird gefeiert, das allen Menschen Trost und Heilung bringt – Tod und Tränen, Scham und Schande trägt es fort (Jes 25,6–8).

Hochzeit – das Gastmahl des Gottessohnes

Fastend beginnt Jesus von Nazaret, der gehorsame Gottessohn, sein Wirken (Mt 4), doch seine Freunde sollen so wenig fasten wie die Festgäste, während der Bräutigam bei ihnen ist (Mt 9,15). Auf dem Hochzeitsfest von

Kana wandelt Jesus bloßes Wasser in besten Wein (Joh 2,1–11). Mit an den Rand gedrängten Menschen, mit Sünderinnen und Sündern, aber auch mit Leuten aus dem Establishment (Lk 7,36–50) setzt er sich an einen Tisch und zeigt damit: Niemand ist ausgeschlossen aus dem Reich Gottes. Jesus überwindet die Schwerkraft der Verhältnisse und lässt die vielen Menschen, die auf ihn hoffen, nicht hungern (Lk 9,10–17). Jesu Gleichnisse zeigen Gott als unkonventionellen Gastgeber (Mt 22,2–10; Lk 14,15–24). Mit einem großartigen Freudenmahl wird der zurückgekehrte Sohn empfangen (Lk 15,20–32). Eine radikal neue Tischordnung deutet sich an: Die Sklaven, die treu auf ihn gewartet haben, bittet der Herr zu Tisch, um ihnen selbst aufzuwarten (Lk 12,36f). Verschiedentlich ist im Neuen Testament schließlich eine nachösterliche Tischgemeinschaft mit dem auferstandenen Herrn bezeugt. Am bekanntesten ist die Emmauserzählung: Die Jünger erkennen den Auferstandenen, als er das Brot bricht (Lk 24,13–35).

Brotbrechen – Mitte christlichen Lebens

Die Kirche hat von Anfang an das Brotbrechen als Mitte ihres Lebens empfunden (Apg 2,42.46). In der Eucharistiefeier erinnern sich die Glaubenden des Leidens und Sterbens Jesu und erhalten Anteil an seiner Ganzhingabe an Gott und die Menschen.

Die neutestamentlichen Schriften spiegeln eine vielfältige eucharistische Praxis und Theologie. Im ersten Korintherbrief nennt Paulus die Eucharistie „Herrenmahl": ein Mahl, das zum Herrn gehört und von ihm ausgeht (1 Kor 11,20). Das Herrenmahl hat starke Wurzeln im Leben Jesu, vor allem aber weist es zurück auf das Abschiedsmahl, das Jesus mit seinen engsten Freunden gefeiert hat und das uns in vier „Einsetzungsberichten" überliefert ist: Mk 14,22–25; Mt 26,26–29; Lk 22,17–20; 1 Kor 11,23–26.

In zeitlicher Nähe zum Paschafest deutet Jesus sein eigenes Geschick in einer Auslegung des jüdischen Mahlsegens über Brot und Wein. Brot- und Bechergestus stiften Gemeinschaft unter den Feiernden, sie geben den Mitfeiernden Anteil an Jesu eigenem Weg: „Kommunion". Der Bund, der in Jesu Blut geschlossen wird, und das „Für euch" und „Für viele" der Hingabebereitschaft Jesu gehören zum Grundbestand der Einsetzungsberichte.

Im ersten Korintherbrief klingt mit dem Paschathema (1 Kor 5,7) die heilsgeschichtliche Erfahrung der Bundestreue Gottes und die endzeitliche Hoffnung Israels an. Jesus Christus selbst ist das lebendige Brot vom Himmel, Manna und Felsenwasser für das neue wandernde Gottesvolk (1 Kor 10,3; Joh 6,27–34).

Brot für die Welt

Für Paulus ist die Beziehung eng zwischen Eucharistie und Gemeinde, Eucharistie und Leben: „Ein Brot ist es. Darum sind wir viele ein Leib; denn wir alle haben teil an dem einen Brot" (1 Kor 10,17). Wer den sakramentalen Leib Christi empfängt, öffnet sich für den Leib Christi, die Gemeinde, und übernimmt mit Leib und Leben Verantwortung für das Leben der Nahen und Fernen.

Papst Leo der Große betont in klärender Zuspitzung: „Nichts anderes wirkt die Teilhabe an Leib und Blut Christi, als dass wir in das übergehen, was wir empfangen." Die feiernde Gemeinde empfängt ihr Leben von der Lebenshingabe Jesu Christi, um diese in ihrem eigenen Leben nachzuvollziehen.

Jesus Christus ist das Brot des Lebens für die Welt. Sich dieses Brot reichen zu lassen und anderen zum

Brot zu werden, das sättigt und wärmt, das belebt und mutig macht – Brot zu werden für die Welt, darin liegt die eucharistische Sendung aller Christinnen und Christen.

Susanne Sandherr

„Unter diesen Zeichen bist du wahrhaft hier"
Die reale Gegenwart Jesu Christi in der Eucharistie

Wenn das Zweite Vatikanische Konzil die Feier der Eucharistie als „Quelle" und „Höhepunkt des ganzen christlichen Lebens" bezeichnet („Dogmatische Konstitution über die Kirche" LUMEN GENTIUM, 11), bestimmt es nicht nur den herausragenden theologischen Rang des Altarsakramentes, sondern vor allem auch seine ganz unvergleichliche Stellung in der Frömmigkeit der Gläubigen. Dieser „Vorrang vor den anderen Sakramenten" resultiert daraus, dass die Eucharistie „nicht nur die Frucht der Heilstat schenkt, sondern die Quelle des Heils, Jesus Christus, in einer ganz besonderen Weise vergegenwärtigt" (KATHOLISCHER ERWACHSENENKATECHISMUS, Band 1, Das Glaubensbekenntnis der Kirche, 348), er ergibt sich mit anderen Worten aus der realen Gegenwart, der Realpräsenz Christi in der Eucharistie.

Gottes Nähe

Die Kirche versteht die Worte Jesu „Das ist mein Leib"/„Das ist mein Blut", die in jeder Eucharistiefeier neu gesprochen werden, so, dass „unter den Gestalten von Brot und Wein Leib und Blut Jesu Christi, d. h. die konkret-leibhaftige Person Jesu Christi" real gegenwärtig wird (KATHOLISCHER ERWACHSENENKATECHISMUS, Band 1, 348). Die reiche Kultur eucharistischer Frömmigkeit innerhalb wie außerhalb der Messfeier, die sich in Bezug auf diese Überzeugung entwickelt hat, preist in liebevoller Innigkeit die in der Eucharistie gegebene unvergleichliche Nähe Gottes, gleichsam eine Aufgipfelung der inkarnatorischen Bewegung Gottes zu Welt und Mensch.

Wesensverwandlung

Die Lehre von der Realpräsenz Christi in der Eucharistie hat in der katholischen Theologie ihre klassische Ausprägung in dem Begriff der „Transsubstantiation" (Wesensverwandlung) gefunden: „Durch die Weihe von Brot und Wein vollzieht sich die Wandlung der ganzen Brotsubstanz in die Substanz des Leibes Christi, unseres Herrn, und der ganzen Weinsubstanz in die Substanz seines Blutes. Und diese Wandlung ist von der katholischen Kirche zutreffend und im eigentlichen Sinn Wesensverwandlung (transsubstantiatio) genannt worden" (KONZIL VON TRIENT, 1551, NR 572).

Evangelisches Abendmahlsverständnis

In der evangelischen Kirche konnte erst durch die Leuenberger Konkordie von 1973 ein gemeinsames Abendmahlsverständnis erreicht werden. Während nämlich nach lutherischer Lehre „die *reale* Präsenz Jesu Christi nach seiner göttlichen und menschlichen Natur in, mit und unter den Elementen von Brot und Wein" gegeben ist, wird Christus nach der reformierten Tradition „im Heiligen Geist präsent". Brot und Wein sind hier nur „Zeichen, die die heilschaffende Präsenz Christi verbürgen" (Das Abendmahl. Eine Orientierungshilfe zu Verständnis und Praxis des Abendmahls in der evangelischen Kirche. Vorgelegt vom Rat der Evangelischen Kirche in Deutschland, Gütersloh 2003, 25,26). Die Leuenberger Konkordie formuliert nun: „Im Abendmahl schenkt sich der auferstandene Jesus Christus in seinem für alle dahingegebenen Leib und Blut durch sein verheißendes Wort mit Brot und Wein ... Wir bekennen die Gegenwart des auferstandenen Herrn unter uns ... So gibt er sich vorbehaltlos allen, die Brot und Wein empfangen" (zitiert nach: Evangelisches Gesangbuch [Baden], Nr. 889). Die Orientierungshilfe der EKD zum Abendmahl sieht darin als „grundlegende *gemeinsame Überzeugung* aller evangelischen Konfessionen vom Abendmahl: Jesus Christus ist ... die Gabe, die im Abendmahl unter Brot und Wein gegeben wird und so den Gästen gegenwärtig wird. Der ganze Christus wird mit Brot und Wein gegenwärtig". Diese Gegenwart wird als „Personalpräsenz" bezeichnet und als „Realpräsenz" insofern, „als sie nicht vom gemeinsamen Akt des Essens und Trinkens getrennt werden kann." (a. a. O., 27). Wenn nun die Formulierung von Leuenberg auch weiterhin deutliche Unterschiede zwischen den innerevangelischen Konfessionen bestehen lässt – etwa zur Art und Weise der Gegenwart Christi im Abendmahl –, stellt sie doch die Grundlage für die nunmehr bestehende Abendmahlsgemeinschaft zwischen Lutheranern, Reformierten und Unierten dar. Und wenn auch sowohl sprachlogisch wie auch im Vergleich zu der in der Transsubstantiationslehre erreichten begrifflichen Genauigkeit bezweifelt werden muss, dass die Leuenberger Formel wirklich eine reale Präsenz Christi in den Gestalten von Brot und Wein aussagt, ist doch ökumenisch von großem Gewicht, dass die evangelischen Kirchen hier gemeinsam eine – wenn auch auf den Vollzug des Mahls beschränkte – Realpräsenz bekennen wollen.

Missverständnis des Substanzbegriffs

Nach wie vor lehnen die evangelischen Kirchen die katholische Transsubstantiationslehre ab. Tatsächlich stehen im Hintergrund dieser Zurückweisung aber tiefgreifende Missverständnisse hinsichtlich des hier zu verwendenden Substanzbegriffs. Joseph Ratzinger hat hierzu bereits 1967 in seinem wegweisenden Beitrag „Das Problem der Transsubstantiation und die Frage nach dem Sinn der Eucharistie" (THEOLOGISCHE QUARTALSCHRIFT 147 [1967], 129–158) entscheidende Klärungen erreicht. Es kommt darauf an, dass in der Transsubstantionslehre nicht ein naturwissenschaftlicher Substanzbegriff, wie er in der Reformationszeit, der beginnenden Neuzeit aufkam, sondern der Substanzbegriff der klassischen Metaphysik zu veranschlagen ist. Dabei ist festzuhalten, „dass die ‚Substanz', von der der Metaphysiker spricht, ganz und gar eine vorphysikalische und unphysikalische Größe meint" (148). Substanz ist „die metaphysische Realität des Selbststandes eines Seienden, aber nicht das erscheinende Ding als Erscheinendes" (147). Ratzinger drückt es ganz drastisch aus: „Physikalisch und chemisch gesehen vollzieht sich an den Gaben schlechterdings nichts ... sie sind physikalisch und chemisch betrachtet nach der Verwandlung genau dasselbe wie vor ihr" (150). Mit dieser Klärung müssten evangelische Vorbehalte gegen die Transsubstantiationslehre, die letztlich auf die Unterstellung eines magischen Eucharistieverständnisses hinauslaufen, ausgeräumt sein. Wenn auch das Bekenntnis zur Realpräsenz Christi nicht an einzelne theologische Erklärungsmodelle gebunden zu sein braucht, so vermag doch keiner der sonst vorliegenden Deutungsansätze das mit der Realpräsenz Christi in der Eucharistie Gemeinte besser zu erklären als die recht verstandene Lehre von der Transsubstantiation.

Trennung am Tisch des Herrn?

Die fortdauernde Trennung am Tisch des Herrn ist eine der schmerzlichsten Bürden im Miteinander der Konfessionen. Für das konkrete geistliche Leben ist es wichtig, den Blick zu weiten und wahrzunehmen, dass nach der Lehre des Zweiten Vatikanischen Konzils Christus im Gottesdienst in vielfältiger Weise präsent ist. Er ist gegenwärtig „in der Person dessen, der den priesterlichen Dienst vollzieht". Gegenwärtig ist er „in den Sakramenten", ebenso „in seinem Wort" und, gemäß seiner Verheißung (vgl. Mt 18,20), „schließlich, wenn die Kirche betet und singt" („Konstitution über die heilige Liturgie" SACROSANCTUM CONCILIUM, 7). So ist die Nähe des liturgisch gegenwärtigen Herrn auch vor der Vollendung der Abendmahlsgemeinschaft in ökumenischer Gemeinsamkeit bereits vielfältig erfahrbar.

Tobias Licht

Anbruch des Reiches

Fremdsprachen stellen uns zunächst vor die Schwierigkeit, dass wir sie nicht unmittelbar verstehen. Erlernen wir sie aber, eröffnen sie uns neue Horizonte. Ähnlich verhält es sich schon im Kleinen mit einzelnen fremdsprachlichen Ausdrücken. Zumal im Zusammenhang mit der Eucharistie lohnt es, den sprachlichen Hintergründen nachzugehen; sie können uns bereichern mit den Zusammenhängen, auf die sie verweisen.

„Charis" – leuchtende Freude

Wenn Griechen sich bedanken, sagen sie „efcharistó". Das Substantiv „Charis" steckt darin, das mit dem Verb „chaírein", „sich freuen", verwandt ist. Diese „Charis" hat, wie die lateinische „Gratia", mehrere konkrete Bedeutungen, die verschiedene Seiten einer Wirklichkeit bezeichnen. Lassen Sie mich versuchen, es mithilfe unseres Wortes „gefallen" zu erläutern. „Charis" meint zum einen das, was Freude hervorruft, das, woran man Gefallen findet; nicht umsonst heißen in der Antike die Göttinnen der Anmut „Chariten" bzw. lateinisch „Grazien". Erweist man jemandem eine „Charis" (tut man jemandem einen Gefallen), so stellen sich bei ihm Wohlgefallen und Freude ein, die ebenfalls „Charis" heißen. Dieses Gefühl ist nun eines, das vom Empfangenden seinerseits „ausstrahlt"; ist jemand glücklich, sieht man es ihm an. Ja, wenn einem ein Gefallen getan wird, äußert man dies und man gibt die „Charis", die Freude, gleichsam zurück. Was wir als Dank (griechisch ebenfalls „Charis"!) bezeichnen, ist für den Griechen nichts anderes als die an sein Gegenüber gerichtete Feststellung: „Efcharistó" – „gute Charis ist in mir", ich bin von Wohlgefallen erfüllt. „Charis" ist ein wechselseitiges Geschehen zwischen Menschen; wir erweisen sie anderen und von ihnen kehrt sie zu uns zurück.

Gott ist gut – sei mir gut

Das Alte Testament kennt zwei Ausdrücke für das, was mit „Charis" gemeint ist. Der eine, „Chen", der uns in den Namen „Channah" (Anna) und „Jo-chanan"

86

(Johannes) begegnet, steht für die Freude und das Wohlwollen, die sich vor allem in jemandes Gesicht äußern. Der „Chen" Jahwes konkretisiert sich für die Bibel im Leuchten seines Angesichts (vgl. den Aaronsegen Num 6,25 sowie Ps 67,2), das mehrfach mit Jahwes rettendem Handeln in Verbindung gebracht wird (vgl. Ps 31,17; 80,4.8.20). Während „Chen" die Einzelperson und deren Haltung im Blick hat, hat der zweite Begriff, um den es hier gehen muss, „Chäsäd", im zwischenmenschlichen Bereich seinen Ort. „Chäsäd" ist die Leben fördernde Gesinnung, aus der heraus Verwandte oder Freunde einander Gutes tun und die so die Dauerhaftigkeit einer Beziehung gewährleistet. Vor diesem Hintergrund fällt auf, dass es als Ausdruck für Gottes Güte und Huld häufig neben dem Bund erscheint: Jahwe lässt seinen „Chäsäd" insbesondere seinem Volk zuteilwerden, das er erwählt, aus Ägypten befreit und durch die Wüste ins Gelobte Land geführt hat. Die gemeinschaftliche Dimension ist also auch hier umfasst, wenngleich Gottes Güte menschlichem Handeln immer vorausgeht und darum keine volle Wechselseitigkeit vorliegt. Zugleich wird ein bedeutender Unterschied zur griechischen „Charis" deutlich: Wenn Jahwe „Chäsäd" erweist, geht es nicht nur um Gefälligkeiten, sondern um seine rettende und Leben erhaltende Macht, wie vor allem die Psalmen 118 und 136 zeigen.

„Charis" – paulinischer Schlüsselbegriff

Blicken wir ins Neue Testament, so tritt uns die „Charis" bei Paulus als Kernbegriff des Evangeliums entgegen. Für ihn ist in diesem Wort verdichtet, wie Jahwe, Israels Gott, in Jesus an uns gehandelt hat. Seine „Charis", seine Gnade befreit uns: In Jesus, dem

Gekreuzigten, schenkt er uns die Vergebung alles dessen, was uns von ihm trennt; er holt uns heraus aus
unserem In-uns-selbst-verschlossen-Sein und führt uns
in neue Gemeinschaft, „Communio", hinein. Welcher
Art diese „Communio" ist, lassen Sie uns anhand der
Feier bedenken, zu der das Gesagte hinführen soll.

Brot und Wein – dankbar geben

Jesus hat allen, denen er in seinem Leben begegnete,
den „Chäsäd" erwiesen, den er selbst vom Vater empfing. Diese seine Lebenshaltung verdichtet er am
Abend vor seiner Kreuzigung, indem er den Lobpreis
des Schöpfers für seine Gaben, wie er noch heute beim
jüdischen Mahl üblich ist, mit einer Deutung dieser
Gaben auf sein Schicksal hin verbindet. Brot und Wein,
Gottes Leben erhaltende Geschenke, nimmt er zu Zeichen seiner bevorstehenden Lebenshingabe. Wie er sie
jetzt den Getreuen darreicht, so wird er sich tags darauf in die Hände derer geben, die ihn ablehnen und
die ihn umbringen werden. Er erwidert so den Leben
schaffenden „Chäsäd" des Vaters, indem er mit seinem
Leben, seiner ganzen Existenz für dessen Güte Zeugnis
gibt. Die Herrschaft des gnädigen Gottes verkündet er
dadurch in letzter Konsequenz, dass er selbst so *handelt*, wie es dieser Gott nach seiner Überzeugung tut:
Er „spricht" den Menschen Gottes Vergebungsbereitschaft zu, indem er noch im Tod für seine Mörder um
Vergebung bittet. Wie Jahwe trotz der Verfehlungen
seines Volkes bedingungslos zum Bund, zu der Gemeinschaft mit ihm steht, so hält Jesus bis in den Tod
an der Gemeinschaft mit allen Menschen und zumal
mit seinen Peinigern fest.

Dieses Vermächtnis Jesu begehen wir in jeder Eucharistie. In den Gaben von Brot und Wein bringt

Jesus zum Ausdruck: Ich bin ganz für dich da, will dich am Leben erhalten und deine Freude sein – und die einzige Bedingung dafür, dass er dies wirklich wird, ist unsere Bereitschaft, ihn anzunehmen. Jesus, die fleischgewordene Güte Gottes, anzunehmen bedeutet dann aber auch – getreu dem Gemeinderuf nach dem Einsetzungsbericht –, dieses sein Vermächtnis selbst durch unser Leben zu bezeugen. „Deinen Tod, o Herr, verkünden wir, und deine Auferstehung preisen wir" heißt nichts anderes, als dass nun wir selbst anderen Menschen dieses unbedingte Geschenk, diese Gnade weitergeben.

Gottes Güte feiern

In der Eucharistie feiern wir Gottes Gute und Gnade. Dort, wo wir uns geben und einander annehmen, wie Jesus sich uns gegeben und uns angenommen hat, wo wir bei allen Rückschlägen immer wieder zum Neuanfang bereit sind, da entsteht dauerhafte Gemeinschaft und geschieht Gottes Wille, da werden Bund und Gottesherrschaft verwirklicht, da greift Gottes Reich unter uns Raum.

Johannes Bernhard Uphus

„Typisch katholisch – typisch evangelisch?"

Noch unsere Urgroßeltern hätten ohne Zögern die Differenzen zwischen den Konfessionen an Lehre und Praxis der Messe beziehungsweise des Abendmahls festgemacht. Für sie wäre es ganz selbstverständlich gewesen, dass der – an sich schon undenkbare – Ökumenische Kirchentag in Berlin im Jahr 2003 nicht mit einer gemeinsamen Feier des „Herrenmahls" (um diesen nicht konfessionsspezifischen Begriff zu verwenden) begangen werden konnte. Umso mehr waren manche überrascht, dass bei der Begründung, warum eine gemeinsame Feier des Herrenmahls nicht möglich sei, von katholischer wie evangelischer kirchenamtlicher Seite eher das unterschiedliche Amts- und Kirchenverständnis angeführt wurde als Differenzen in der Lehre vom Herrenmahl.

Schritte zur Ökumene

Und wirklich haben beide Seiten in den letzten Jahrzehnten in der Frage des Herrenmahls erhebliche Schritte aufeinander zu gemacht und alte Polemiken hinter sich gelassen. Den Hintergrund gefundener Konsense bildet oftmals eine tiefere Einsicht in die Geschichte der Feier des Herrenmahls, die allein schon zu Änderungen in der Feiergestalt führt beziehungsweise deutlich macht, dass bestimmte – weiterhin legitime – Formen der Feier im Angesicht der ganzen Liturgiegeschichte für sich keinen Absolutheitsanspruch reklamieren können.

So hat eine bessere Kenntnis der verschiedenen Dimensionen der altkirchlichen Lehre von der realen Gegenwart Christi in der Eucharistie so manche Einseitigkeit der vergangenen Jahrhunderte relativiert, zugleich aber die Beweggründe für bestimmte Positionen in den einzelnen Konfessionen besser verstehen lassen. Als Beispiel sei genannt, dass in neuen Ausgaben des HEIDELBERGER KATECHISMUS der deutschen Reformierten zur 80. Frage ausdrücklich festgehalten ist, dass der traditionelle Vorwurf, die Messe sei eine „vermaledeite Abgötterei", nicht mehr erhoben wird. Ebenso kann als Konsens festgehalten werden, dass von der Eucharistie nur insofern berechtigt als Opfer gesprochen werden kann, als sie die Vergegenwärtigung des einmaligen Kreuzesopfers Jesu Christi ist, in das sich die Gemeinde hingebend einbeziehen lässt.

Eucharistische Frömmigkeit im Wandel

Zukunftsweisend sind aber – zunächst unabhängig voneinander vorgenommene – Veränderungen der gottesdienstlichen Gestalt des Herrenmahls, von denen zwei näher benannt werden sollen. Beide Seiten haben nämlich im 20. Jahrhundert einen erheblichen Wandel der Feier- und Kommunionfrömmigkeit erfahren.

Zwar besuchten Katholikinnen und Katholiken zuvor neben der Sonntagsmesse nicht selten auch Messfeiern unter der Woche, empfingen aber nur ein- bis viermal im Jahr die Kommunion; Eucharistiefrömmigkeit war zunächst Anbetungsfrömmigkeit. Erst das Dekret Pius' X. über die häufige Kommunion von 1905, die Erleichterung in Bezug auf die eucharistische Nüchternheit und schließlich die Reformprozesse vor und nach dem Zweiten Vatikanum machten die sonntägliche Feier der Eucharistie und die regelmäßige Kommunion der Gläubigen wieder zum Mittelpunkt des gottesdienstlichen Lebens in den Gemeinden.

Ein ähnlicher Wandel vollzog sich auf evangelischer Seite: War hier nicht selten die Abendmahlsfeier zum Anhang an den Predigtgottesdienst geworden, zu dem nur noch ein frommer – und/oder „sündenbewusster" – Rest der Gemeinde in der Kirche blieb, so wurde im 20. Jahrhundert mit einer Neubewertung der sakramentalen Dimension im Allgemeinen und der Neuentdeckung der freudigen Dimension des Abendmahls im Besonderen eine langsame Abkehr von dieser Praxis eingeleitet. Heute gehört die regelmäßige Abendmahlfeier in vielen Landeskirchen zur gemeindlichen Gepflogenheit.

Eucharistisches Beten

Eine weitere wichtige Änderung besteht in der Bewertung und dem Gebrauch von Eucharistiegebeten. Hatte die katholische Seite bis zum Zweiten Vatikanum am sogenannten „Römischen Canon" als Eucharistiegebet festgehalten, so galt doch in der Feiergestalt die ganze Aufmerksamkeit den Einsetzungsworten. Besonders die Elevation, die Erhebung der konsekrierten Gaben, begleitet vom Glockenzeichen und der Anbetung der Gläubigen, unterstrich diese Worte als Konsekrationsmoment, zu dem der übrige „Canon Romanus" den Rahmen bildete. Die liturgiewissenschaftliche Forschung hat diesen „Canon Romanus" in den Kontext einer Vielzahl altkirchlicher Eucharistiegebete eingeordnet, dabei aber auch die anderen Texte schätzen gelernt. Folgerichtig wurden in der Liturgiereform weitere Eucharistiegebete erstellt, die zum Teil auf alte Vorlagen zurückgehen, zum Teil auf besondere pastorale Situationen Bezug nehmen, zum Beispiel auf Kinder oder das Thema „Versöhnung". Dank des muttersprachlichen und lauten Vollzugs bildet heute das jeweilige Hochgebet nicht nur den Moment der Konsekration, sondern wirklich den zentralen Gebetsvollzug der Eucharistiefeier.

Eine ähnliche Wiederentdeckung des Eucharistiegebetes hat sich in den evangelischen Kirchen vollzogen. Denn auch hier dominierten die je nach theologischem Schwerpunkt als Evangelium, als Konsekrationsworte, aber auch als Spendeformel verstandenen Einsetzungsworte die Abendmahlsfeier, selbst wenn sie von Gebetselementen wie Präfation, Sanctus und Vaterunser umgeben waren. Unter dem Eindruck der theologischen Forschung und der bereichernden Erfahrung in der weltweiten Ökumene ist in den letzten Jahrzehnten eine Vielzahl von Eucharistiegebeten in die neu erstellten Bücher für den Gottesdienst (Agenden) aufgenommen worden. Wenn auch vor Ort diese nicht immer sofort genutzt werden, so ist dennoch für viele evangelische Gemeinden das eucharistische Beten zur Selbstverständlichkeit geworden.

Die Veränderungen im Bereich des eucharistischen Betens können ein gutes Beispiel sein, dass eine profunde Kenntnis der Liturgiegeschichte nicht nur Vorurteile beseitigen hilft, ohne konfessionelle Identitäten zu zerstören, sondern auch Perspektiven für weitere Gemeinsamkeiten in Lehre und Feier des Herrenmahls eröffnen kann.

Friedrich Lurz

Brot und Wein im eucharistischen Geschehen

Brot und Wein nehmen in unserer Speise- und Esskultur ganz unterschiedliche Positionen ein. Während Brot für unsere Breiten das wichtigste Grundnahrungsmittel ist, dürfen wir den Wein den festlichen Mahlzeiten zuordnen. Während Brot für uns das zum Leben Notwendige darstellt, kennzeichnet der Wein das Außergewöhnliche, den Genuss, die Festfreude.

Wurzeln in jüdischer und antiker Esskultur

Ähnlich war es in den antiken Kulturen rund um das Mittelmeer, selbst wenn der Wein auch in der alltäglichen Ernährung eine Rolle spielte. So gehört zu einem jüdischen Festmahl das Brot, das nach einem kurzen Segensspruch gebrochen und verteilt wird und die Mahlzeit eröffnet. Noch wichtiger aber ist der Wein, der an mehreren Stellen des Mahls in Bechern serviert wird. Über den Wein werden längere Segensgebete gesprochen. Im Segensgebet über dem Becher zum Abschluss des Essens könnte eine der Wurzeln der christlichen Eucharistiegebete liegen. Ein feierliches Mahl war und ist im Judentum immer eine Form des häuslichen Gottesdienstes.

Das junge Christentum knüpfte nicht nur an diese jüdischen Tischsitten und ihre Gebete an. Es veränderte sie aufgrund seines spezifischen Glaubens an Jesus, den Christus, den die jungen Christengemeinden bei ihren Mahlzeiten in ihrer Mitte präsent wussten. So wurde sehr schnell das eigentliche Sättigungsmahl aus dem gottesdienstlichen Gemeindemahl ausgesondert – das elfte Kapitel des 1. Korintherbriefes scheint genau diese Wende zu markieren. Brot- und Becherhandlung wuchsen zusammen zu einem eucharistischen Geschehen, das durch ein einziges großes Gebet, das Eucharistiegebet, begleitet wurde. Außerdem ist die Symbolik im Christentum gegenüber dem Judentum eine verschiedene: Während beim jüdischen Festmahl jeder aus seinem eigenen Becher trinkt, trinken die Christinnen und Christen aus einem einzigen Kelch, wie sie zunächst auch ein einziges Brot brechen und verteilen. Denn nur so wird deutlich, dass der eine Herr Jesus Christus sich in Brot und Wein verteilen lässt, um so den Kommunikanten zur „Seelenspeise" zu werden.

Veränderter Umgang mit Brot und Wein

Es ist vor allem die Ehrfurcht vor dem in den Gaben präsenten Herrn, die zu Wandlungen in der Beschaffenheit von Brot und Wein und im Umgang mit ihnen führt. Verwendete man in der Antike zunächst das auch im Alltag übliche gesäuerte Brot, das von den Gläubigen mitgebracht wurde (und, solange es nur sonntags eine Eucharistie gab, auch für die tägliche Kommunion wieder mit nach Hause genommen wurde), so ist im Westen mit dem Wechsel von der Hand- zur Mundkommunion auch die Verwendung von ungesäuertem, reinem und hellem Weizenbrot zu verzeichnen, das weniger bröckelt. Um beim Brechen keine Bruchpartikel entstehen zu lassen, begann man um die Wende zum 2. Jahrtausend, vorgefertigte runde Partikel (Hostien) zu backen, die eine Teilung nicht mehr nötig machten. Nicht selten waren diese Hostien mit eingeprägten Bildelementen verziert. Allein die Hostie des Priesters wurde noch bei der Brotbrechung gebrochen. So sehr also mit dem Wandel der Wunsch nach größerer Ehrfurcht vor dem eucharistischen Brot erfüllt wurde, so sehr veränderte sich die zentrale Symbolik: Es war nicht mehr das eine Brot, das gebrochen und an die Kommunikanten verteilt wurde, sondern es waren nun Einzelhostien, die konsekriert und von den Einzelnen empfangen wurden. Zudem ging im Laufe des 2. Jahrtausends der Kommunionempfang erheblich zurück, sodass selbst fromme Christinnen und Christen nur viermal jährlich kommunizierten. Eine Schau- und Anbetungsfrömmigkeit ersetzte die Kommunionfrömmigkeit.

Ein ähnlicher Wandel ist beim Wein zu vermerken. Wahrscheinlich gebrauchte man im ganzen antiken Christentum zunächst Rotwein, der augenscheinlicher das Blut Christi symbolisieren konnte. Der schwere Wein wurde – außer bei den Armeniern – schon vor dem Eucharistiegebet mit Wasser verdünnt. Erst mit dem ausgehenden Mittelalter wechselte man im Westen

zu Weißwein, um eine leichtere Reinigung der Kelch-
tücher zu ermöglichen. Die Kelchkommunion der
Gläubigen war zwar noch bis ins Reformationsjahr-
hundert üblich, fand aber genauso selten statt wie der
Empfang des konsekrierten Brotes.

Heutige Kommunionpraxis

Die liturgischen Bücher und Bestimmungen nach dem
Zweiten Vatikanum haben versucht, eine veränderte
Kommunionpraxis zu begründen, die sich auf liturgie-
geschichtliche Vorbilder stützen kann. Der Hintergrund ist die Erkenntnis der theologischen Dynamik
unserer Eucharistiegebete, die in den zentralen Bitten
(Epiklesen) nicht nur um Wandlung von Brot und Wein
bitten, sondern in einem zweiten Abschnitt in der sogenannten „Kommunionepiklese" anfügen: „Schenke uns
Anteil an Christi Leib und Blut und lass uns eins werden durch den Heiligen Geist" (Zweites Eucharisti-
sches Hochgebet). Wenn die ganze Gemeinde zu dieser
Bitte ihr „Amen" sagt, dann muss das Ziel der Feier
auch die Kommunion der ganzen Gemeinde sein, um
durch den Empfang von Leib und Blut Christi zu einer
Einheit mit Christus und untereinander zu werden.

Deshalb wird die Kelchkommunion der Gläubigen
zwar keineswegs vorgeschrieben, aber die Möglichkeit
dazu wird in den nachkonziliaren Bestimmungen erheblich erweitert. Entsprechend sind es nicht theologische,
sondern praktische Gründe, die in den Gemeinden gegen eine häufige Kelchkommunion der Gläubigen vor-
gebracht werden. Ebenso schafft das Messbuch zwar
die Hostien nicht ab, geht aber in seiner „Allgemeinen
Einführung" Nr. 283 (ebenso in der zukünftigen
„GRUNDORDNUNG DES RÖMISCHEN MESSBUCHS",
Nr. 321) davon aus, dass das Brot auch wirklich als

Speise erkennbar ist und in einzelne Teile gebrochen werden kann, die einigen Gläubigen gereicht werden sollen. Denn nur so kann deutlich werden, dass die Gemeinschaft der Gemeinde mit dem „gebrochenen Christus" in der Kommunion diese zu einer Einheit im Heiligen Geist auferbaut.

Friedrich Lurz

„Wir feiern das heilige Messopfer für …"

Die einen gehen zur „Eucharistiefeier", die anderen zur „heiligen Messe", einige feiern „die Liturgie", andere bringen das „heilige Messopfer" dar – auch heute sind verschiedene Begriffe für die wichtigste liturgische Feier der Kirche in Gebrauch, die Feier des Herrenmahls. Diese werden manchmal als regelrechte Kampfbegriffe benutzt und verstanden und signalisieren dann mehr oder weniger links/rechts oder papsttreu/kirchenkritisch. Dabei haben sie alle ihren historischen Ort und spiegeln in der Ergänzung wichtige und legitime Aspekte unseres „Allerheiligsten".

So führt der KATECHISMUS DER KATHOLISCHEN KIRCHE die verschiedenen Namen auf – Eucharistie, Mahl des Herrn, Brechen des Brotes, Eucharistische Versammlung, Gedächtnis, Heiliges (Mess-)Opfer, Heilige/Göttliche Liturgie, Kommunion, Heilige Messe (Nr. 1328–1332) – und schreibt: „Der unerschöpfliche Gehalt dieses Sakramentes kommt in den verschiedenen Benennungen zum Ausdruck. Jede von ihnen weist auf gewisse Aspekte hin" (Nr. 1328). Einer dieser Begriffe ist ebenso theologisch und spirituell bedeutsam wie konfessionsgeschichtlich belastet und missverständlich – der des Messopfers.

Opfer als zentrale kultische Handlung

Alle Religionen kennen das Opfer als zentrale kultische Handlung. In ihm geben Menschen etwas Wertvolles, um vor Gott oder den Göttern zu danken, sie gnädig zu stimmen, um etwas zu bitten, etwas zu sühnen. Schon im Alten Testament wird immer wieder auf die Gefahr der Veräußerlichung solcher Opfer hingewiesen (vgl. z. B. Ps 40,7: „Schlacht- und Speiseopfer hast du nicht gefordert ... doch einen Leib hast du mir geschaffen."): Jahwes Liebe zu seinem Volk ruft zur ganzheitlichen Antwort – materielle Opfer können nur Zeichen einer Umkehr des Herzens zu Gott sein. Das vollendet sich im Kreuzestod Jesu Christi: „So bringt Jesus am Kreuz dem Vater nicht etwas dar, er bringt sich selber dar als Gabe und Opfer (Eph 5,2)" (KATHOLISCHER ERWACHSENENKATECHISMUS, 353). Besonders der Hebräerbrief (Kapitel 7–10) entfaltet: Dieses Lebensopfer Jesu Christi war einmalig und ist unwiederholbar, in ihm sind alle Menschen endgültig erlöst, weitere Opfer sind weder nötig noch möglich.

Vergegenwärtigung des einmaligen Opfers

So kann christliche Liturgie nur Vergegenwärtigung und Selbsthingabe in das einmalige Opfer Jesu Christi heißen. „Sie [die Christen] sollen Gott danksagen und die unbefleckte Opfergabe darbringen nicht nur durch die Hände des Priesters, sondern auch gemeinsam mit ihm und dadurch sich selber darbringen lernen" (Liturgiekonstitution SACROSANCTUM CONCILIUM, Nr. 48). Jesu Tod am Kreuz ist wie seine Auferstehung ein einmaliges Ereignis in Raum und Zeit, die sakramentale Mysteriengegenwart ermöglicht aber Menschen aller Zeiten und Orte, das Geschehen auf Golgota für sich als wirksam und fruchtbar zu erfahren. „Gedächtnis meint im Sinne der Heiligen Schrift nicht nur ein Daran-Denken, sondern vielmehr das rühmende Erzählen der Großtaten Gottes, die durch die kultische Feier hier und heute gegenwärtig werden" (KATHOLISCHER ERWACHSENENKATECHISMUS, 353).

„Das ist heute"

Das ist denkbar, weil liturgische Feiern innerweltliche Kategorien wie Raum und Zeit sprengen: Am Gründonnerstag beten wir im Hochgebet: „Denn in der Nacht, da er verraten wurde – das ist heute –, nahm er das Brot …" Geistlich sind wir im Abendmahlssaal, uns Christen im Jahr 2010 sagt der Herr: „Tut dies zu meinem Gedächtnis." Uns gilt sein Versprechen: „Das ist mein Leib, der für euch hingegeben wird." Klassisch drückt das ein Gabengebet (2. Sonntag im Jahreskreis) so aus: „Denn sooft wir die Gedächtnisfeier dieses Opfers begehen, vollzieht sich an uns das Werk der Erlösung."

Das Brechen des Brotes

Eine Klärung ist hier noch wichtig: Wir feiern den Inhalt des Kreuzesopfers Christi nicht in der *Gestalt* einer Opferhandlung, zum Beispiel im Schlachten eines Tieres, sondern in der Gestalt eines Mahles. Beim letzten Abendmahl nimmt der Herr Brot und Wein und deutet sie als seinen Leib und sein Blut mit dem Auftrag: „Tut dies zu meinem Gedächtnis!" Diesem Auftrag folgt die Kirche seitdem. „Das Kreuzesopfer ist ein und dasselbe wie seine sakramentale Vergegenwärtigung in der Messe, abgesehen von der verschiedenen Art und Weise der Darbringung. Christus, der Herr, hat die zeichenhafte Erneuerung beim Abendmahl eingesetzt, als er den Aposteln den Auftrag gab, sie zu seinem Gedächtnis zu begehen" (Allgemeine Einführung in DAS MESSBUCH, Nr. 2). Auf der Zeichenebene bildet die heilige Messe also nicht das Geschehen auf Golgota ab, sondern das im Abendmahlssaal. So nennen wir heute die früher sogenannte „Opferung" schlicht „Gabenbereitung". Das liturgische Zeichen, das am eindrücklichsten den Opfercharakter erfahren lässt, wird dagegen heute leider oft unterbewertet: das Brechen des Brotes. Eigentlich ist es der Höhepunkt der ganzen Feier, wenn der Priester das eine Brot teilt für die Vielen und diese bekennen: „Lamm Gottes, du nimmst hinweg die Sünde der Welt, erbarme dich unser!" – und wie lieblos und „nebenbei" geschieht das oft.

Kreuzesopfer und Messopfer

Die große Kontroverse um das Messopfer in der Reformationszeit wurde im Mittelalter ausgelöst. „Der Zusammenhang zwischen Kreuzesopfer und Messopfer wurde im späten Mittelalter vielfach nicht mehr richtig verstanden; das Verständnis des Messopfers wurde zudem durch Missbräuche verdunkelt" (KATHOLISCHER ERWACHSENENKATECHISMUS, 354). So lehnte die Reformation das „Messopfer" schärfstens ab: „Und ist also die Messe im Grunde nichts anders denn eine Verleugnung des einigen Opfers und Leidens Jesu Christi und eine vermaledeite Abgötterei." (HEIDELBERGER KATECHISMUS, Frage 80). Letztlich führte das dann zu wichtigen Klärungen im Konzil von Trient, das sich mit diesen massiven Angriffen auseinandersetzen musste und die entscheidenden Kerngedanken herausstellte. „Es hielt an der Einmaligkeit des Kreuzesopfers fest und drückte den Bezug von Kreuzesopfer und Messopfer mithilfe von drei Begriffen aus: Das Messopfer ist sakramentale Vergegenwärtigung, Gedächtnis und Zuwendung des Kreuzesopfers" (KATHOLISCHER ERWACHSENENKATECHISMUS, 354). Die Missverständnisse und Einseitigkeiten der Zeit sind im ökumenischen Dialog inzwischen weiter geklärt: „Nach katholischer Lehre ist das Messopfer die Gegenwärtigsetzung des Kreuzesopfers. […] Eucharistie ist eigentliches und wahres Opfer nicht in sich, nicht neben oder zusätzlich zum Kreuz, sondern Vergegenwärtigung und Zuwendung des einen, sühnenden, universalen Opfers für die Kirche." (LEHRVERURTEILUNGEN – KIRCHENTRENNEND? Band 1, 90,121)

„Und mache uns selbst zu einer Gabe"

Immer stehen Christen in der Versuchung, in ein vorchristliches Opferverständnis zurückzufallen, das den Einzelnen von der Lebenshingabe dispensiert: Es wäre ja so viel einfacher, „etwas" zu opfern, eine Messe zu bestellen, einen Priester mit dem Opfer zu beauftragen, als die Herausforderung der Nachfolge Christi selbst anzunehmen. Gebete in der heiligen Messe weisen uns hier immer wieder den richtigen Weg: „Herr, unser Gott, wir legen die Gaben als Zeichen unserer Hingabe auf deinen Altar" (Gabengebet 4. Sonntag im Jahreskreis). „Herr, du hast die vielen Opfer, die dir je von Menschen dargebracht werden, in dem einen Opfer des Neuen Bundes vollendet" (Gabengebet 16. Sonntag im Jahreskreis). „Nimm das Opfer an, das dir im Heiligen Geist dargebracht wird, und mache uns selbst zu einer Gabe, die für immer dir gehört" (Gabengebet Wochentagsmessen zur Auswahl, Donnerstag der 3. Woche).

Stefan Rau

Erstkommunionvorbereitung
Gott in die Familie zurückbringen

Vor gut 50 Jahren gehörte der Glaube in den konfessionellen Milieus noch ganz selbstverständlich zum Alltag der Familien. Hier wurde das Leben mit Gott verwirklicht im gemeinsamen Gebet und der gemeinsamen Mitfeier des Gottesdienstes, im festlich begangenen Empfang der Sakramente, im Erleben christlicher Sitten und Bräuche, in der Weitergabe von Inhalten und Wertvorstellungen des Glaubens. In diesem Klima konnte die erste Beziehung der Kinder zu Gott gedeihen. Wo die Eltern bei der Weitergabe des Glaubens an die Kinder versagten, wurde dies durch Verwandte, Freunde oder Nachbarn aufgefangen.

Seit Mitte des letzten Jahrhunderts begann die Integrationskraft der kirchlich verfassten Religion zu erschlaffen. Bei den Menschen entwickelte sich ein neues Lebensgefühl, das mit einem Wertewandel verbunden war. Der Grad der Bindung an die Kirche ließ nach. Der Kirchenaustritt war nicht länger tabuisiert. Zwar ist heute wieder zunehmend ein religiöses Bedürfnis bei vielen Menschen festzustellen. Viele wählen allerdings als Ansprechpartner die breite Palette weltanschaulicher Gruppen. So fallen für den lebendigen Vollzug und die Weitergabe des christlichen Glaubens die Familie ebenso wie das religiös geprägte Umfeld mehr und mehr aus.

Sakramente als Chance

Heute gibt es neben den verbleibenden praktizierenden Christen eine große Gruppe von inaktiven Christen, die „treuen Kirchenfernen" (Medard Kehl), die nach wie vor Wert auf kirchliche Rituale zu den Lebenswenden wie Taufe, Erstkommunion, Eheschließung und Beerdigung legen. Den einen mag es dabei nur um die äußere Feier gehen, zu der die Kirche den festlichen Rahmen geben soll. Für andere Christen ist dies ein Anlass, mit Unterstützung der Kirche einen neuen Zugang zu ihrem Glauben zu suchen. Für die Gemeinden gilt es, den einen wie den anderen einladend zu begegnen und den Wunsch nach dem Empfang eines Sakraments oder Rituals vorurteilsfrei als Chance zu ergreifen, die Menschen wieder in Kontakt mit ihrem Glauben zu bringen. Ein Beispiel dafür ist die wieder stärkere Einbeziehung der Eltern in die Erstkommunionvorbereitung ihrer Kinder, damit diese nicht ihre „Letztkommunion" wird.

Die Entwicklung der Erstkommunionvorbereitung

Jahrhundertelang war es die Aufgabe der Eltern, ihre Kinder auf die Erstkommunion vorzubereiten. Aber nach der Reformation hat man aus Furcht, die Eltern könnten ihren Kindern Irrlehren vermitteln, die Vorbereitung in die Hand der Vertreter der Kirche gelegt. Erst Pius X. griff 1910 in seinem Dekret QUAM SINGULARIS den Gedanken der Erstverantwortung der Eltern für die religiöse Erziehung ihrer Kinder und damit für deren Kommunionvorbereitung wieder auf. Seine Empfehlungen wurden im deutschsprachigen Raum zunächst nur sehr zurückhaltend aufgegriffen. So blieb es weiterhin eine der wichtigsten Berufsaufgaben der Pfarrer, die Kinder klassen- beziehungsweise jahrgangsweise auf die Sakramente der Eucharistie und der Buße vorzubereiten.

Aus der Einsicht, dass eine effektive und den einzelnen Kindern gerecht werdende Arbeit in der Großgruppe kaum möglich ist, erwuchs in den Siebzigerjahren des letzten Jahrhunderts die Entscheidung, selbstständige Kleingruppen zu bilden. Da der Pfarrer dabei nicht alle Gruppen übernehmen konnte und auch nicht genügend beruflich ausgebildete Kräfte dafür zur Verfügung standen, wurde diese Aufgabe ehrenamtlichen Laien übertragen: Eltern (meist Müttern) einzelner Kommunionkinder oder auch anderen Gemeindemitgliedern, die diese Aufgabe oft mehrere Jahre lang übernahmen. Dieses Modell wird – wenn auch mit unterschiedlichen Abwandlungen – bis heute in vielen Gemeinden praktiziert. Inzwischen haben viele Pfarrer die Gesamtleitung der Erstkommunionvorbereitung an ihre Gemeinde- oder Pastoralreferentinnen und Pastoralreferenten delegiert.

Praktisch sieht es so aus, dass in diesen Gemeinden Jahr für Jahr fast alle Kinder eines Jahrgangs in Gruppen innerhalb derselben Zeit, nach derselben Methode und mit denselben Materialien auf die Erstkommunion vorbereitet werden. Dabei wird kein Unterschied gemacht zwischen den Kindern, die bereits religiöse Erfahrungen haben und von ihren Eltern begleitet und unterstützt werden, und der Mehrheit der Kinder, die keine Glaubenserfahrung von zu Hause mitbringen. Mit Rücksicht auf diese zweite Gruppe muss zunächst einmal eine Einführung in den Glauben erfolgen. Dabei bleibt für die eigentliche Vorbereitung, die hauptsächlich auf Mitfeier und Mitvollzug der Eucharistie angelegt sein müsste, viel zu wenig Zeit. Katechetinnen und Katecheten können nicht ersetzen, was im Elternhaus an Einführung in den Glauben und religiöser Praxis fehlt. So laufen die katechetischen Bemühungen häufig ins Leere, und eine Vielzahl der Kinder kommt nach der feierlichen Erstkommunion nicht mehr wieder. Diese Erfahrungen bewirkten eine Rückbesinnung auf die Mitverantwortung der Eltern bei der Erstkommunionvorbereitung ihrer Kinder.

Rückbesinnung auf die Elternverantwortung

Eltern sind die ersten und wichtigsten Glaubenszeugen ihrer Kinder. Wie die gesamte kindliche Entwicklung hängt auch die religiöse stark von der Grundlegung durch die Eltern ab. Hier findet die Weichenstellung für die religiöse Weiterentwicklung der Kinder statt, auch wenn die Eltern nicht wissen können, wie sich später hinzutretende Einflüsse auswirken werden. Die Erfahrungen der Kinder im Alltag der Familie schaffen Bedingungen, die entscheidende Zugänge zum Glauben eröffnen oder verhindern. Weil häufig das früher so selbstverständliche Glaubenswissen fehlt, fühlen sich viele Eltern dabei unsicher. Aber um ihrem Kind von Gott zu erzählen, der die Menschen liebt und dem sie vertrauen können, brauchen sie kein theologisches Wissen. Ebenso sollte es Eltern nicht schwerfallen, mit ihrem Kind am Abend ein Gebet zu sprechen, in dem es für den Tag dankt und sich dem Schutz Gottes anvertraut.

Die Sakramente als Zeichen der Nähe Gottes sind ein kostbarer Schatz der Kirche, den sie zu hüten beauftragt ist. Deshalb wird von Eltern, die ihr Kind zur Teilnahme an der Erstkommunion anmelden, erwartet, dass sie den Wert und Sinn des Sakraments ernst nehmen und sich für den würdigen Empfang einsetzen, indem sie ihr Kind bei der Vorbereitung auf dieses Sakrament begleiten.

So sind es zwar die Kinder, die das Sakrament der Eucharistie zum ersten Mal empfangen. Doch sollten die Ansprechpartner bei der Vorbereitung auf die Erstkommunion zunächst die Eltern sein.

Gemeinsamer Weg von Eltern und Kindern

Die Beziehung zu Gott hilft, das Leben zu meistern und Krisen im Vertrauen auf Gott zu überwinden. „Kinder nicht um Gott betrügen" mahnt deshalb Albert Biesinger, der eines der Modelle entwickelt hat, bei dem die Kinder hauptsächlich durch die eigenen Eltern auf die Erstkommunion vorbereitet werden. Die Eltern werden dabei nicht alleingelassen, sondern von der Gemeinde unterstützt und begleitet. Damit soll in den Familien einem oberflächlichen Umgang mit dem Sakrament der Eucharistie entgegengewirkt und ihnen ein neuer Zugang zum Glauben und zur Gemeinschaft der Glaubenden eröffnet werden.

Erstrebt wird ein Prozess, in dem Begleitende und Eltern sich gegenseitig anregen. Aktive Christen sollen auf diese Weise bereichernde Impulse für ihren Glauben erhalten und mit ihren Kindern weiter in die Gemeinde hineinwachsen. Fernstehenden Christen will diese Form der Vorbereitung helfen, mit ihrem Glauben und der Gemeinschaft der Glaubenden wieder neu in Kontakt zu treten.

Die Praxis allerdings zeigt, dass Eltern, die der Kirche lange Zeit ferngestanden haben, sich bei Modellen wie dem von Biesinger trotz großer Unterstützung durch die Gemeinde oft überfordert fühlen und nicht bereit sind, sich auf diesen Weg einzulassen. Viele Gemeinden bemühen sich deshalb um Lösungen, die den Eltern zwar entgegenkommen, sie aber auch nicht aus der Verantwortung für die religiöse Erziehung ihrer Kinder entlassen. So machen sie eine aktive Mitarbeit der Eltern zur Bedingung für die Hinführung ihrer Kinder zur Erstkommunion, übernehmen aber nach wie vor einen großen Teil der Unterweisung. Parallel dazu finden Glaubenskurse und Gespräche für die

Eltern statt. Dadurch soll ihnen geholfen werden, sich mit ihrem Glauben auseinanderzusetzen und mehr Sicherheit bei der religiösen Erziehung ihrer Kinder zu gewinnen, um einen zumutbaren Teil der Erstkommunionvorbereitung ihrer Kinder selbst zu übernehmen. Wichtig ist, dass die Eltern sich gemeinsam mit ihren Kindern auf diesen Weg machen und ihnen durch ihren Einsatz zeigen, dass sie die Hinführung zur Eucharistie ernst nehmen und dass der Empfang des Sakraments für sie ein wichtiger Schritt auf dem Glaubensweg ist. Wo Eltern die Begleitung ihrer Kinder nicht nur als lästige Pflicht absolvieren, sondern sich ernsthaft auf diesen Prozess einlassen, finden diese Familien oft einen neuen Zugang zu ihrem Glauben und zu Gott.

Gisela Baltes

Katechumenat

KAPITEL 5

Christ werden – ein Lebenslauf

Zur Erneuerung des Erwachsenen-katechumenats

„Fiunt, non nascuntur Christiani." – Wir kommen nicht als Christ, als Christin auf die Welt, wir werden es erst – dieses Wort des Kirchenvaters Tertullian scheint im 21. Jahrhundert dramatisch an Aktualität zu gewinnen. In Deutschland ist es wohl noch immer eher die Ausnahme als die Regel, doch so dürfte die Zukunft aussehen, die bereits begonnen hat: Menschen werden nicht mehr in eine selbstverständlich christliche Umgebung hineingeboren, sie empfangen das Sakrament der Taufe nicht als Säuglinge oder Kleinkinder, vielmehr entscheiden sie sich im Erwachsenenalter bewusst dazu, Christ und Christin zu werden.

Christlicher Glaube in religiös pluraler Gesellschaft

Man könnte einwenden, dieses Bild sei zum kleineren Teil Diagnose und zum größeren Teil Prognose. Wie sieht die Gesellschaft aus, in der unser Glaube lebendig werden und lebendig bleiben soll? Die Lage lässt sich nicht mehr ohne Weiteres auf den Nenner der „Säkularisierung" bringen. Fortschrittsoptimismus, Technikeuphorie und Machbarkeitswahn haben spätestens seit den Siebzigerjahren des vergangenen Jahrhunderts empfindliche Kratzer bekommen. Formen neuer Religiosität boomen, „Spiritualität" ist kein Tabuwort mehr. Eine Parzellierung der religiösen Landschaft zeichnet sich ab, die Rede ist von einer „Patchwork-Religiosität", die sich jeder und jede selbst zusammenhefte. Bisweilen, aber gewiss nicht durchgängig steht dabei ein kurzfristiger Erlebniswert im Vordergrund. Volkskirchliche Lebenswelten gibt es zwar noch immer, doch es ist nicht zu leugnen: Wir leben und glauben in einer nach-christlichen Gesellschaft, die allerdings in vielen Überzeugungen und Institutionen noch christlich geprägt ist. Mit der Auflösung konfessioneller Milieus sind jene Stützen weggefallen, die einst die ererbte und fraglos übernommene christliche Identität der Einzelnen sicherten. Glauben lernt man in einer pluralen Gesellschaft anders als in einer konfessionell weitgehend geschlossenen Welt: Dringend gesucht sind heute Lern- und Lebensformen eines personal verantworteten und entschiedenen Glaubens.

Der Erwachsenenkatechumenat damals und heute

Unsere gesellschaftliche Ausgangssituation – ein unübersichtlicher religiös-spiritueller „Markt", ein Christentum, das nicht Gemeingut ist, sondern nach persönlicher Entschiedenheit verlangt – hat manches gemein mit der Lage des Christentums vor der Konstantinischen Wende. Es war die Blütezeit des Katechumenats, der Unterweisung und Einübung im Christentum vor der Taufe, der selbstverständlich ein Katechumenat für Erwachsene war. Die Wurzeln des heutigen kirchlichen Katechumenats reichen also in die antike heidnische beziehungsweise religiös plurale Gesellschaft zurück, in der Christen als kleine Gruppen am Rand der Gesellschaft lebten. Auch heute will der Katechumenat unter den Bedingungen eines modernen oder postmodernen Pluralismus Menschen, die als Erwachsene um die Taufe bitten, Schritt für Schritt in den gemeinsamen, aber keinesfalls allgemeinen und selbstverständlichen Glauben einführen.

In einer pluralen Gesellschaft durchqueren Menschen jeden Tag eine Vielzahl von Lebenswelten. Was in der einen Gruppe und dem einen Bereich an Werten

und Verhaltensmustern gilt, das lässt sich nicht selbstverständlich auf den nächsten sozialen Raum übertragen, den ich betrete. Die innere Plausibilität des
Glaubens gewinnt unter diesen Umständen höchste
Bedeutung. Doch diese innere Stimmigkeit ist auf soziale Lernzusammenhänge angewiesen, die zu Lern-
orten des Glaubens werden. Es geht heute darum, das
Evangelium in die vielfältig gewordenen Lebenswelten
hineinzutragen und zugleich auf der Ebene der Gemeinde einladende und beziehungsreiche Räume der
Glaubensweitergabe zu erschließen.

Im 2. Jahrhundert entwickelte sich der Katechumenat als ein Glaubensweg, der als längerer, durch die
Gemeinde unterstützter persönlicher Wachstumspro-
zess verstanden wurde. Der Katechumenat war ein
Weg der Hinführung zum und der Einführung in den
Glauben, der mehr ist als bloßer Unterricht. Gläubige
setzten sich als Patinnen und Paten für die Taufbewerber ein, sie bürgten für sie und führten sie in die
Gemeinschaft ein. Die innere Dynamik des etwa drei-
jährigen katechumenalen Prozesses wurde durch kirchliche Feiern verdichtet und allen anschaulich gemacht.
So war der tragende Gemeindebezug der Sakramente
im Katechumenatsweg stets lebendig und immer wieder sinnlich greifbar. Etwa sechs Wochen vor dem
Osterfest begann die unmittelbare und besonders intensive geistliche Vorbereitung auf den Empfang der
Taufe in der Osternacht.

Wechselseitige Inspiration

Der Katechumenatsweg war und ist keine „Einbahn-
straße". Wo dieser Weg tatsächlich inmitten der Gemeinde gegangen wird, eröffnet er den bereits Getauften die Chance, mit hineingezogen zu werden in den

Lernprozess und so eine Vertiefung und Erneuerung der eigenen Glaubensidentität zu erfahren. Für eine Gemeinde kann sich die Weggemeinschaft mit „ihren" Katechumenen klärend und stärkend auswirken: Mit dem Katechumenatsweg beginnt eine geistliche Gefährtenschaft, die zu wechselseitiger Inspiration führt.

Zeichen der Zeit lesen

Die gegenwärtige kirchengeschichtliche Übergangssituation ist, worauf hier in aller Kürze hingewiesen wurde, durch die Auflösung volkskirchlicher Lebensweisen und die Bewegung hin zu einer pluralen Gesellschaft gekennzeichnet. Die Belebung des kirchlichen Katechumenats durch das Zweite Vatikanische Konzil ist auf diesem Hintergrund nicht nur ein bemerkenswerter Einschnitt in der Pastoral- und Kirchengeschichte, sie zeigt einen hoffnungsvollen Aufbruch an, der in einem tiefen Sinn an der Zeit ist. In Zukunft wird es immer mehr darum gehen, dass Glaubensinhalte und Lebenswege konkret zueinander finden, dass sich beim Glaubenlernen Leben und Liturgie berühren. Die 1972 für die gesamte Kirche in Kraft gesetzte Ordnung für den Erwachsenenkatechumenat (ORDO INITIATIONIS CHRISTIANAE ADULTORUM) verweist ausdrücklich auf die Notwendigkeit pastoraler Adaptationen und entspricht auch so der katechumenalen Praxis der Kirchenväter.

Wir stehen heute vor der Aufgabe, katechumenale Wege zu finden, die auf die ortskirchlichen, die gemeindlichen und vor allem auf die persönlichen und biografischen Voraussetzungen der nach unserem Glauben fragenden Menschen antworten und ihnen gerecht werden: denn Christwerden ist ein Lebens-Lauf.

Susanne Sandherr

Als Erwachsener Christ werden
Die Wiederentdeckung des Erwachsenen-katechumenats in Deutschland

Eine der hoffnungsvollen Entwicklungen, die es im kirchlichen Leben in Deutschland heute auch gibt, ist die Neuentdeckung des Erwachsenenkatechumenats, der Vorbereitung Erwachsener und Jungendlicher auf die Sakramente des Christwerdens. Während die Zahl der Taufen in der katholischen Kirche in Deutschland zwischen 1991 und 2002 insgesamt von 299 504 auf 213 432 zurückgegangen ist – 1965 waren es allein in Westdeutschland noch über eine halbe Million –, hat die Zahl der Taufen von Erwachsenen, Jugendlichen und älteren Kindern über sieben Jahren merklich zugenommen. Waren es 1972 noch 1 349, so stieg die Zahl bereits in den Achtzigerjahren auf über 5 000. Ein deutlicher Schub ergab sich nach der Öffnung der Grenzen des ehemaligen Ostblocks. 1990 wurden 6 940 Personen über sieben Jahren getauft, im Jahr darauf waren es bereits 8 451, 1996 wurden die 10 000 überschritten. Nach einem Höchststand von 10 470 im Jahr 1997 hat sich die Zahl inzwischen bei ca. 10 300 pro Jahr stabilisiert.

Lebensgeschichtliche Hintergründe

Die lebensgeschichtlichen Hintergründe, aus denen heraus Erwachsene um die Taufe bitten, sind unterschiedlich. Nach 1990 stammte eine nicht geringe Zahl erwachsener Taufbewerber und -bewerberinnen aus der ehemaligen DDR oder aus anderen Ländern des ehemaligen Ostblocks, wo ihnen die frühere kommunistische Religionspolitik das Kennenlernen des christlichen Glaubens beziehungsweise das öffentliche Bekenntnis zu ihm unmöglich gemacht hatte. Andere kommen aus einem fremden Kulturkreis, gehören gegebenenfalls auch einer anderen Religion an. Vor allem aber gibt es immer wieder Taufbewerber und Taufbewerberinnen, die in einem westlichen Milieu aufgewachsen sind, von ihren Eltern aber als Kinder nicht getauft wurden. Der Anlass zur Bitte um die Taufe ist oft biografisch bestimmt. So führen immer wieder die Verbindung beziehungsweise Heirat mit einem gläubigen Partner oder die Taufe beziehungsweise Erstkommunion eines Kindes zu einer persönlichen Auseinandersetzung mit dem Glauben. Ob die Bitte um die Taufe nun aber aus inneren Gründen als Frucht eines persönlichen Suchens und Fragens oder eher aus sozialen Motiven erfolgt: In jedem Fall übt der christliche Glaube beziehungsweise die Zugehörigkeit zur Kirche auf die Betreffenden eine Anziehungskraft aus, die stark genug ist, zu einem ausdrücklichen Glaubensbekenntnis und zur Verbindlichkeit der Gliedschaft in der Kirche zu führen.

Aufbau eines Erwachsenenkatechumenats

Seit einigen Jahren werden nun in den katholischen Bistümern Deutschlands systematisch Strukturen eines Erwachsenenkatechumenats aufgebaut. Das entspricht der Weisung des Zweiten Vatikanischen Konzils: „Ein mehrstufiger Katechumenat für Erwachsene soll wiederhergestellt und nach dem Urteil des Ortsordinarius eingeführt werden" (Liturgiekonstitution SACROSANCTUM CONCILIUM, Artikel 64). Da der Katechumenat „nicht in einer bloßen Erläuterung von Lehren und Geboten, sondern in der Einführung und genügend langen Einübung im ganzen christlichen Leben" bestehen soll (Missionsdekret AD GENTES, Artikel 14), ist in der Regel ein längerer Weg von etwa einem Jahr in der Gemeinschaft einer Katechumenatsgruppe vorgesehen, der im Empfang der Sakramente des Christ-werdens – Taufe, Firmung und Eucharistie – in der Osternacht seinen Höhepunkt findet. Für die Gemeinden bedeutet die Begleitung von Taufbewerbern zunächst liturgisch eine außerordentliche Bereicherung: Die bisher meist unbekannten Stufenfeiern, die den Katechumenatsweg begleiten (Feier der Aufnahme in den Katechumenat, Feier der Zulassung zur Taufe u. a.), machen das Wachsen im Glauben und in der Verbindlichkeit für die Katechumenen wie für die Gemeinde als geistlichen, von der liturgischen Gemeinschaft getragenen Prozess vor dem Angesicht Gottes erfahrbar. Bei der Spendung von Taufe, Firmung und Erstkommunion in einer einzigen Feier werden diese Sakramente in ihrer ursprünglichen Einheit vollzogen.

Chance zur Erneuerung

Pastoral bedeutet der Katechumenat eine Chance zur Erneuerung, eröffnet er doch die Möglichkeit, die einzelnen Schritte des Zum-Glauben-Findens noch einmal neu und bewusst nachzuvollziehen und einzuüben. Immer deutlicher wird darüber hinaus angesichts des schwindenden Glaubenswissens und der zurückgehenden Glaubenspraxis in der Gesellschaft, dass sich auch zahlreiche Menschen, die als Kinder getauft wurden, die vielleicht auch eine Zeit ihres Lebens in Glaube und Gemeinde heimisch waren, heute in einer quasi-katechumenalen Situation befinden.

Katechese in veränderter Zeit

Hier vollzieht sich gegenwärtig ein Paradigmenwechsel in der Pastoral überhaupt. Im Sommer 2004 haben die deutschen Bischöfe unter dem Titel KATECHESE IN

VERÄNDERTER ZEIT eine Schrift veröffentlicht, in der „der Katechumenat als Grundmuster für die Katechese" als Ganze verstanden wird: „Die Erfahrungen mit dem Katechumenat Erwachsener haben paradigmatische Bedeutung, weil hier das Christwerden unter den Vorzeichen einer Situation steht, in der das Christsein seine gesellschaftliche Selbstverständlichkeit verloren hat." So wird der Katechumenat zur Leitfigur für eine insgesamt missionarische, evangelisierende Pastoral. Auch wenn, wie die Gemeinsame Synode der Bistümer in der Bundesrepublik Deutschland seinerzeit formuliert hat, „die katechetische Tätigkeit der Kirche (…) grundsätzlich den Menschen aller Lebensalter zugeordnet" ist, sind jetzt vor allem „die Erwachsenen neu im Blick".

Tobias Licht

Zum Leben unterwegs

Nicht erst seit dem 11. September 2001 geschehen in unserer Welt Dinge, die vergleichbar sind mit dem, was vor zweitausend Jahren mit Jesus geschah. Gewalt ist auch heute gang und gäbe; täglich erfahren wir von neuen Gräueln und menschenverachtenden Übergriffen. Auch im Alltag scheinen solche Leute zu obsiegen, die die stärkeren Ellbogen haben: Wer es in unserer Zivilisation zu etwas bringen will, muss sich durchsetzen können.

Katechumenat – eine andere Art zu leben lernen

Als Christinnen und Christen wissen wir wohl, dass Jesus von Nazaret uns einen anderen Weg gebahnt hat.

118

Aber – wie weit her ist es eigentlich mit dem, was wir Ostererfahrung nennen? Wie konkret reicht Ostern in unser persönliches Leben hinein und ist darin erfahrbar? Ich habe schon den Vorwurf gehört: Wenn man sich das mit der Auferstehung sieben Wochen lang vorsagt, glaubt man irgendwann zwangsläufig daran. Dazu nur so viel: Mir schien dieser Einwand einem in unserer Gesellschaft allzu verbreiteten Denken zu entstammen. Was man nicht mit Händen greifen kann, existiert nicht. Haben wir dem wirklich nichts Überzeugendes entgegenzusetzen?

Sich auf den Weg machen

Ich möchte Sie einladen, Ihren Blick auf den Karsamstag und die Nachtstunden vor der Auferstehungsliturgie zu richten. In dieser ruhigsten Zeit des Kirchenjahres gedenken wir der Grabesruhe Jesu. So jedenfalls sieht es die Liturgie. Aber sieht unsere Praxis nicht ganz anders aus? Auch in meiner Familie haben wir den Karsamstag bislang meist genutzt, um die letzten Ostervorbereitungen zu treffen. Seit vergangenem Sommer ist mir klar, dass wir auf diese Weise einen der wichtigsten Tage des Jahres im wahrsten Sinn „vertan" haben.

Ende Juli trafen wir uns mit ein paar Freunden, um nach Altötting zu wandern. Wir hatten uns kennengelernt, als jeder auf seine Weise in einer Umbruchphase seines Lebens steckte. Nicht alle waren wir christlich oder gar katholisch geprägt, sodass wir unseren Gang von vornherein als Wallfahrt vorgehabt hätten. Die Überlegung war, uns auf den Weg zu einem solchen „Kraftort" zu machen, wie Altötting einer ist, und unterwegs einander Texte vorzutragen, die uns in irgendeiner Weise wichtig geworden waren. Vielleicht würden wir einander dadurch Kraft und Ermutigung schenken können. Entlang eines Flüsschens, dessen Ufer ein liebevoll gepflegter Kreuzweg säumte, gingen wir so und lasen ab und zu vor. Mich hat dieser Tag sehr zuversichtlich gemacht. Gerade Menschen, denen es nicht allzu gut geht, verbinden ähnliche Fragen. Sie lassen über die Grenzen von Konfessions- oder Kirchenzugehörigkeit Weggemeinschaften entstehen, in denen die zentralen Impulse unserer christlichen Tradition noch immer sehr große Wirkung zu entfalten vermögen. Einer von uns, Schauspieler von Beruf, trug bei dieser Gelegenheit einen Text vor, der mich seither nicht mehr loslässt. Er stammt von dem amerikanischen Trappisten und Mystiker Thomas Merton (1914 bis 1968):

Das Schweigen Gottes treibt die Stürme vor sich her, es türmt die Gebirge auf, zerwühlt das Meer und lässt es gegen die Felsen branden. Aus dem Schweigen Gottes schöpft die Menschheit alle Kraft für ihr Getriebe, und wiederum kraft dessen, was in seinem Schweigen verborgen ist, tun wir lärmend unsere Werke bis zur Auflösung der Elemente, die unser gequältes Universum ausmachen, in ihre Bestandteile. Das Schweigen Gottes ist es, das dem Boden Festigkeit gibt, auf dem wir unsere Kämpfe austragen; ließe Er uns fallen, so stürzten wir mitsamt der ganzen lauten Wichtigkeit unserer Taten zerschmettert hinab in den Abgrund des Vergessens. Nachts, wenn das ruhelose Treiben der Menschen zur Ruhe kommt und die Welt mit ihren Maschinen in Schlaf sinkt, ist alles von Seinem Schweigen erfüllt. Die wenigen Wachenden hören dann das geheimnisvolle Singen, dessen Widerhall in ihren Herzen zu tönen beginnt. Es sagt ihnen, dass alles, was der Mensch ausrichtet mit seinem Lärmen und Werkeln, ganz unwichtig ist; und jene, die da wachen, könnten uns sagen, dass alles, was laut seine Stimme erhebt, nur Täuschung bleibt, dass aber wahre Wirklichkeit sich nur im immerwährenden Schweigen der Dinge ausbreitet. Denn dort in ihrer wahren Wesenheit birgt sich das Schweigen Gottes und singt in Gemeinschaft mit ihnen den Gesang, den er allein vernimmt.

Mertons poetisch-eindringliche Worte könnten, wenn wir uns auf sie einlassen, ein radikales Umdenken in uns bewirken. Sie könnten uns anleiten, unsere Welt völlig anders wahrzunehmen, als wir es gemeinhin gewohnt sind. Ist uns die Stille, die Leere, das buchstäbliche Nichtstun nicht üblicherweise unangenehm, wenn nicht gar unerträglich? Heißt nicht die Devise: Wenn ich mich nicht mehr bewege, bin ich tot?

Das Gesicht der Stille

So, wie Merton von der Stille spricht, wandelt sie ihr Gesicht. Wenn man sich auf sie einlässt und sein zielgerichtetes (oder bisweilen auch orientierungsloses) Tun einmal ganz aufgibt, wird man vielleicht spüren, dass auch dann nicht nichts geschieht. Man wird wahrnehmen, dass „es" in mir atmet, dass „mein Herz" in mir schlägt – und nicht ich selbst es schlage. Die Natur, die Bäume und Felder, das Sonnenlicht werden uns anders begegnen, aus ihrer Alltäglichkeit heraustreten, uns etwas „geben" oder „sagen". Möglicherweise werden wir diese Stille mit Thomas Merton als Gottes lebendiges Schweigen wahrnehmen lernen.

Wenn es wirklich so wäre, dass wir mitten in Gottes gegenwärtigem Schweigen leben, würden dann nicht viele eingeschliffene Denkmuster hinfällig werden? Stellen Sie sich diese Frage bitte einmal. Ich rechne damit, dass Ihnen vieles in völlig anderem Licht erscheinen wird.

Kar- und Ostererfahrung im Alltag

Mir ist es mit dem Karsamstag so gegangen. Was, wenn Jesu Sterben ihn nicht in ein Nichts oder einen dämmrigen Zwischenzustand, sondern in die Leben schaffende Wirklichkeit, die liebenden Hände, das unmittelbare Da des Vaters hat fallen lassen? Wenn unser eigener Tod, der seit unserer Taufe in den Tod Jesu hineingenommen ist, nichts anderes bedeutet? Um diesen Fragen nachzugehen, bieten der Karsamstag und die Osternacht uns Raum. Zwar ist es uns heute kaum möglich, wie die frühe Christenheit wöchentlich mit den Juden den Schabbat zu halten und dann, am ersten Tag der Woche, die Auferstehung Jesu zu feiern. Dieser Schabbat aber, der Karsamstag, ist uns Christen gegeben. Nehmen wir dieses Geschenk an und bereiten uns durch diesen Tag der Stille auf die Auferstehungsfeier vor! Vielleicht wird uns ihre Wahrheit anders, lebensnäher aufgehen; vielleicht wird uns klar, in welcher Ohnmacht die Gewalttäter nicht nur des Karfreitags gefangen sind. Merton hat der Redensart „zum Schweigen bringen" jedenfalls viel von ihrem Schrecken genommen, vielmehr ihr fast einen positiven Klang verliehen.

Johannes Bernhard Uphus

Die liturgischen Feiern im Katechumenat

Einer der vier Teile der Osternacht, in der das Kirchenjahr seine Mitte und seinen Höhepunkt findet, ist die Tauffeier. Bereits in der Karfreitagsliturgie wird der

Katechumenen in der vierten Großen Fürbitte gedacht. Die Verankerung der Taufe in der Liturgie der drei österlichen Tage unterstreicht ihren Charakter als Teilhabe an Tod und Auferstehung Jesu Christi.

Wo erwachsene und jugendliche Taufbewerberinnen und Taufbewerber in die Kirche aufgenommen werden, stellt die Osternacht, in der sie mit der Taufe auch die Firmung und zum ersten Mal die heilige Kommunion empfangen, zugleich den Abschluss einer Reihe liturgischer Feiern dar, die den Katechumenatsweg begleiten und das Voranschreiten der Katechumenen im Glauben und in der Verbindlichkeit des Bekenntnisses markieren.

Die neuen liturgischen Bücher

Nachdem das Zweite Vatikanische Konzil die Wiederherstellung eines mehrstufigen Katechumenats für Erwachsene gefordert hatte (vgl. Artikel 64 der Liturgiekonstitution SACROSANCTUM CONCILIUM), veröffentlichte die Kongregation für den Gottesdienst am 6. Januar 1972 den ORDO INITIATIONIS CHRISTIANAE ADULTORUM, dem 1969 bereits der erneuerte Ritus der Kindertaufe vorangegangen war. Anders als bei der Kindertaufe liegt von diesem Ritus bis heute keine endgültige deutschsprachige Fassung vor. 1975 erschien DIE FEIER DER EINGLIEDERUNG ERWACHSENER IN DIE KIRCHE als Studienausgabe, 1986 folgte eine zweite Auflage. Ebenfalls als Studienausgabe wurde 1986 DIE EINGLIEDERUNG VON KINDERN IM SCHULALTER IN DIE KIRCHE veröffentlicht, eine spürbar weiterentwickelte und an die pastoralen Gegebenheiten im deutschsprachigen Raum angepasste Fassung des als Kapitel fünf in der FEIER DER EINGLIEDERUNG ERWACHSENER enthaltenen Ritus. 2001 schließlich erschien, erneut als „Manuskriptausgabe zur Erprobung", der Band DIE FEIER

DER EINGLIEDERUNG ERWACHSENER IN DIE KIRCHE, eine vollständig überarbeitete Neufassung der „Grundform" des Ritus, also des ersten Kapitels und Hauptteils der Studienausgabe von 1975/1986. In dieser Ausgabe sind nicht nur all jene in der Studienausgabe noch enthaltenen Elemente getilgt, die sich wohl auf die Missionsgebiete, nicht aber auf den westlichen Kulturkreis beziehen („Abschwörung von heidnischen Kulten" etc.). Einführungen, Handlungsanweisungen und die liturgischen Texte selbst nehmen vielmehr in den Inhalten wie in ihrer Sprache, auch hinsichtlich der Bezeichnungen der Feiern, auf vorbildliche Weise all das auf, was sich inzwischen an liturgischen und pastoralen Entwicklungen ergeben hat.

Die Stufenfeiern

Als Prozess, der die gesamte Existenz ergreift und verändern will, braucht das Christwerden seine Zeit. Die begleitenden „Stufenfeiern" gliedern diesen Weg gleichsam als Gelenkstellen in drei große Abschnitte: „Die Feier der Aufnahme in den Katechumenat" beschließt die Phase der „Erstverkündigung". Als Ausdruck des Rufs in die Nachfolge werden die Bewerberinnen und Bewerber mit dem Kreuzzeichen bezeichnet, und es wird ihnen die Heilige Schrift überreicht. In der sich anschließenden „Zeit der entfernteren Vorbereitung" folgen die Feiern der „Übergabe des Glaubensbekenntnisses", das die Katechumenen jedoch noch nicht jetzt, sondern erst in der Feier der Eingliederung selbst sprechen, sowie der „Übergabe des Vaterunsers". Auch regelmäßige „Segensgebete für die Katechumenen" bei den Treffen ihrer Vorbereitungsgruppe gehören hierher, ebenso bereits jetzt die Mitfeier der Sonntagsmesse, bei der die Katechumenen gemäß altkirchlicher Übung nach der Predigt entlassen werden können, da sie ja erst nach dem Empfang von Taufe und Firmung zur Eucharistie eingeladen sind. Mit der „Feier der Zulassung zur Taufe", in der Regel am ersten Fastensonntag, beginnt die intensive Phase „der näheren Vorbereitung". In dieser Zeit, die in der Regel mit der österlichen Bußzeit zusammenfällt, sind neben besonderen Fürbitten für die Taufbewerber „drei Stärkungsriten (Skrutinien)" am dritten, vierten und fünften Fastensonntag vorgesehen. Nach dem Evangelium und der Homilie folgt jeweils ein „Gebet um Befreiung vom Bösen" und gegebenenfalls die „Salbung mit Katechumenenöl". Schließlich wird der Karsamstag als Tag der „unmittelbaren Vorbereitung" begangen. In einem besonderen Gottesdienst folgen nach dem Wortteil der „Effata-Ritus", die „Wiedergabe des Glaubensbekenntnisses" (noch nicht Bekenntnis!) und gegebenenfalls die „Annahme eines christlichen Namens".

Alles mündet in die „Feier der Sakramente des Christwerdens" der Taufe, Firmung und Eucharistie in der Osternacht. In der darauffolgenden Osterzeit schließt sich noch eine Phase der „mystagogischen Vertiefung" an, in der das Geschenk des neuen Lebens weiter entfaltet und im Alltag verwurzelt werden soll. Ist „die Feier der Zulassung zur Taufe" nicht als diözesane Feier unter der Leitung des Bischofs begangen worden, kann eine Messfeier mit Taufgedächtnis in Gemeinschaft mit dem Bischof den Höhepunkt dieser Phase bilden.

Erst allmählich werden die liturgischen Feiern im Katechumenat einer größeren Zahl von Gemeinden bekannt. Ihre Wiederentdeckung kann nicht nur den Katechumenen selbst intensive Glaubenserfahrungen erschließen; sie hilft auch den getauften Gliedern der Gemeinde, ihren Glauben im liturgischen Mitvollzug des Katechumenatsweges zu erneuern.

Tobias Licht

Buße

KAPITEL 6

Gott sucht den Menschen
Das Sakrament des Neubeginns

Das Bußsakrament, so hört man heute, ist in der Krise: Die Praxis der Einzelbeichte ist zurückgegangen; immer häufiger sind die Beichtstühle in unseren Kirchen verwaist. Doch in Lebenskrisen, in Situationen der Desorientierung und Neuorientierung, bei Erfahrungen von Schuld und Scheitern suchen Menschen noch immer oder mehr denn je das lösende und heilende Gespräch. Sie suchen es immer seltener in der Beichte und immer häufiger in psychologischer Beratung und Therapie. Etwa nur, weil hier ihre Schuld wegerklärt wird, wie manche meinen? Mit einer solchen Auskunft machen wir uns die Sache wohl zu einfach. Oder ist heute schlicht ein Schwund von Versagenserfahrungen und Schuldbewusstsein zu diagnostizieren? Auch das scheint zweifelhaft. Unbestreitbar ist, dass es zu Umschichtungen gekommen ist. So hat die Sensibilität für strukturelles Unrecht, für „strukturelle Sünde" zugenommen, etwa im Blick auf ökologische Zusammenhänge und auf Fragen sozialer Gerechtigkeit weltweit.

Wandlung und Bewahrung

Doch auch das Bußsakrament ist nicht statisch. Wie der Baseler Bischof Kurt Koch bemerkt, ist geschichtlich gesehen „das Bußsakrament geradezu das Sakrament mit der größten Variationsbreite hinsichtlich seines äußeren Vollzuges". In der Geschichte des Christentums erfuhr es vielfältige Wandlungen. Karl Rahner hat auf die Tatsache hingewiesen, dass es viele christliche Jahrhunderte ohne Andachtsbeichte gab. „Ein Augustinus hat nie gebeichtet. Es gab Jahrhunderte, wo die heiligen Bischöfe Galliens predigten,

Buße zu tun, aber erst auf dem Sterbebett zu beichten." Und Rahner fügt hinzu: „Alle diese Tatsachen sollten nur eines beweisen: das Sakrament ist lebendig. Was lebendig ist, hat seinen Wandel, auch wenn seine innerste Wesensentelechie [das ihm innewohnende, ihm wesentliche Ziel] gleich bleibt."

Die Krise der gegenwärtigen Gestalt des Bußsakramentes, der Einzelbeichte, sollte uns nicht lähmen. Christinnen und Christen sind auch heute in unserer Kirche auf der Suche nach Orten, Wegen und wirksamen Zeichen der Umkehr, der Versöhnung und der göttlichen Zusage neuen Lebens. So wird etwa gegen ein verbreitetes privatistisches Missverständnis seit dem Zweiten Vatikanischen Konzil das Sakrament der Buße wieder als Werk der ganzen Kirche und als Versöhnung auch mit der Kirche hervorgehoben. Der ORDO PAENITENTIAE („Ordnung der Buße") von 1973 unterstreicht dies und hebt überdies den Feiercharakter des Sakraments eigens hervor. Und eine Besinnung auf die vor allem in den Ostkirchen lebendig gebliebene therapeutische Dimension dieses Sakramentes scheint auch hierzulande im Gange.

Gott sucht den Menschen

Im Folgenden soll das Sakrament der Buße grundlegend als Sakrament des österlichen Neubeginns gedeutet werden. Dazu wird zunächst das Bild eines Gottes vergegenwärtigt, der das Verlorene sucht. In einem zweiten Schritt geht es um den Umgang der Gemeinde Christi mit der Erfahrung von Versagen und Schuld. Abschließend wird das Bußsakrament als Revitalisierung der Taufe in den Blick genommen.

Umkehr und Neuanfang sind menschenmöglich, weil Gott uns nahegekommen ist: Diese Erfahrung steht im

Mittelpunkt der Botschaft Jesu. Umkehr und tatkräftige Versöhnungsbereitschaft sollen und können darum auch das Leben einer christlichen Kirche prägen. Im kirchlichen Bußsakrament verdichtet sich die der Gemeinde Christi – der Gemeinschaft aller Christinnen und Christen – geschenkte Kraft zum Neubeginn zeichenhaft.

Vergebung gehört wie die Liebe zum Kern biblischer Verkündigung. Gott ist der barmherzige Vater, der dem zurückkommenden Sohn entgegenläuft und für ihn ein Fest ausrichtet. Er sucht das Verlorene und trägt es voll Freude wieder zurück: das Schaf, die Drachme, den Menschen. Darin, dass er mit Zöllnern und Sündern isst und ihnen zeigt, dass sie dazugehören, gleicht Jesus Gott. Jesus vergibt dem Gelähmten, der Sünderin, der Ehebrecherin. Dem Schächer neben ihm am Kreuz sagt er das Paradies zu. Einzig die fehlende Bereitschaft, von der Sünde zu lassen oder die empfangene Vergebung weiterzugeben, wo sie nötig ist, kann Gottes Vergebung behindern.

Im Namen Jesu versammelt

Die Gemeinde ist biblisch der Ort der Vergebung und der Versöhnung. Im Namen Jesu versammelt zu sein (vgl. Mt 18,20) heißt bereit zu sein zu gegenseitiger Vergebung, „nicht siebenmal, sondern siebenundsiebzigmal" (Mt 18,22). Die Christlichkeit einer Gemeinde kann man daran ablesen, wie sie auf die Schuld ihrer Mitglieder antwortet, wie sie auf das Scheitern von Menschen reagiert: Die Gemeinde Christi ist ein Ort vergebenden und heilenden Miteinander-Umgehens. Wenn wir aus der Gewissheit leben, dass Gott uns nicht in unsere Schuld einschließen, sondern sie öffnen will für die Liebe und das Leben, dann brauchen wir nicht vor den Schatten zu fliehen, die jeder und jede mit sich herumträgt. Wir können zu unseren Grenzen stehen, zu unseren Enttäuschungen, unseren Niederlagen und unserer Schuld. Es geht nicht um ängstlich-akribische Buchführung, die säuberlichst unterscheidet zwischen eigenen Schuldanteilen und den Umständen, die zu einem Scheitern geführt haben – ein verwickeltes Knäuel! Viel wichtiger ist die Frage nach der Sünde vor den Sünden, nach den persönlichen und überpersönlichen Weichenstellungen, die mich und uns wieder und wieder lebensfeindliche Wege einschlagen lassen.

Wo der Mensch eine Gemeinschaft erlebt, die als Gemeinde Christi Schuld vergeben will, da wird der Einzelne frei, zur eigenen Schuld zu stehen; da kann er oder sie erleichtert einen neuen Anfang wagen.

Verlebendigung der einen Taufe

Was in jedem Christenleben einmal in der Taufe grundlegend geschehen ist, die von Gottes Gnade getragene Hinkehr und Umkehr zu Gott, das soll ein Leben lang halten und das Leben tragen. Die christliche Buße ist als lebenslange Aneignung der einen und einmaligen Taufe zu verstehen. In der heutigen pastoralen Situation erweist sich dies als höchst bedeutsam. Wenn Paulus die Taufe als befreiende Übereignung des Menschen aus der Sklavenherrschaft der Sünde an Gott begreift, dann muss christliche Buße heute als Hilfe zur Befreiung aus Strukturen der Sünde und bedrückender Abhängigkeit, als wirksame Begleiterin bei der Entfaltung der Taufwirklichkeit im alltäglichen Leben erfahrbar sein. Diese österliche Struktur und Färbung des Bußsakramentes gilt es freizulegen: Es ist ein Sakrament der Hoffnung und nicht der Angst!

Bischof Koch sagt es so: „Nur wenn es der heutigen Pastoral gelingt, der Melodie der christlichen Buße den

Notenschlüssel der österlichen Tauffreude zurückzuge-
ben, besteht berechtigte Hoffnung, dass sich die gegenwärtige Not und Krise des kirchlichen Bußsakramentes
in künftigen Segen verwandeln können."

Susanne Sandherr

Vergebung und Neuanfang

Würden Sie Vergebung nennen, wenn Sie auf wesentliche Elemente Ihrer christlichen Lebenshaltung an-
gesprochen würden? Ich würde damit rechnen, dass
viele eher Gottes- und Nächstenliebe, Einsatz für die
Benachteiligten und Bewahrung der Schöpfung nennen.
Vergebung steht demgegenüber weniger im Mittelpunkt
unseres Selbstbewusstseins als Christen. Manch eine(r)
wird damit möglicherweise bedrückende Erfahrungen
mit der persönlichen Beichte verbinden und aus diesem
Grund ungern damit konfrontiert werden.

Auch für mich hat die Vergebung lange ein Schat-
tendasein geführt. Zu sehr schien sie mir mit düsteren
Vorstellungen von Sünde und Gericht verknüpft; mit
Jesu Botschaft von der Gottesherrschaft hatte sie hingegen wenig zu tun. Mehr und mehr jedoch kam mir
bedenkenswert vor, dass Jesus der Vergebung nicht nur
eine Bitte im Vaterunser einräumt, sondern insbesondere mehrmals Kranke, die er geheilt hat, mit der Zusage entlässt, dass ihre Sünden vergeben sind.

Heilung, Vergebung, Glaube

Heilung und Vergebung gehören für Jesus zusammen.
Allerdings tritt als Voraussetzung zu beiden der Glaube hinzu: Ohne die aufrichtige Hinwendung des Be-

troffenen zu Gott wird Jesus nicht tätig. Dies liegt an dem Vorrang, den die Gottesbeziehung für ihn beansprucht: Wer umkehrt zu Gott und sich an ihn hält, dem wird Gottes Heil als ganzem Menschen zuteil, dem wendet Jesus Gottes heilende Kraft zu.

Ist uns bewusst, wie oft wir betend diesem Zusammenhang von Heil und Vergebung begegnen? Ich möchte nur an das erinnern, was Zacharias seinem Sohn im Benedictus prophezeit, oder an Psalm 51, jenen klassischen Bußpsalm, der im Stundengebet jeden Freitag als erster Psalm der Laudes erscheint.

Wer diesen Psalm spricht, wendet sich im Bewusstsein seiner als Krankheit erfahrenen Schuld an Gott, den gerechten Richter. Im Vertrauen auf Gottes Barmherzigkeit anerkennt er dessen Urteil und bittet ihn um Reinigung von seiner Sünde. Dabei ist zwar in Vers 9 ausdrücklich nur von Reinigungsriten die Rede (wie sie etwa bei Aussätzigen angewendet werden, vgl. Lev 14), aber im Zusammenhang mit der Anrede Gottes als Richter (Vers 6) klingt die Rede von den durch Gott zerschlagenen Gliedern (Vers 10) fast wie eine Umschreibung seines strafenden Gerichts. Dann ginge die Anerkennung von Gottes Position so weit, dass sein richtendes Handeln selbst vom Betenden als Heilsgeschehen verstanden würde. So drastisch und für unsere Ohren schwer erträglich die Konsequenz dieser Vorstellung wäre – für den Beter ließe sich die Krankheit der Sünde nur durch Zerschlagen seines Leibes beseitigen –, so sehr wird diese Stelle andererseits von hoffnungsfrohen Elementen aufgefangen, die ihre Härte nicht nur mildern, sondern bewusst überbieten. Neben der Sättigung mit Freude und der Ausstattung mit einem neuen Geist ist dies vor allem die Neuschaffung des Herzens, in der an die Heilsverheißung in Ezechiel 36,24–27 und – hebräisch durch das Wort

„bara", dem Ausdruck für Gottes Schöpferhandeln –
an die Erschaffung der Welt in Genesis 1,1 erinnert
wird. Gott ist für den Psalmisten der gute Schöpfer,
der um des Wohles seiner Geschöpfe willen Gerechtigkeit will – und sie selbst schafft, indem er das Herz
von Stein durch ein Herz von Fleisch ersetzt und
durch seinen Geist die Befolgung seiner Gebote bewirkt (vgl. Ez 36,26 f).

Heilvoller Neuanfang von Gott her

Der Vergebungsbitte in Psalm 51 geht es also um den
heilvollen Neuanfang, der von Gott her erhofft wird.
Jesus erwartete einen solchen Neuanfang – ebenso wie
Johannes der Täufer – von der neuschaffenden Gnade
Gottes, die dem zu Gott umkehrenden Sünder zuteil
wird. Mehr noch: Jesus sah sich selbst als den Verkün-
der dieses Neuanfangs. Dies wird nicht zuletzt am
Gleichnis vom barmherzigen Vater deutlich. Ist es Zu-
fall, dass die Worte, die der verlorene Sohn an ihn richtet, an den Psalm erinnern (vgl. Lk 15,18 f.21 mit
Ps 51,6)? Gut möglich, dass er ein Strafgericht bei seiner
Rückkehr erwartet. Aber das Gegenteil geschieht: Der
Vater läuft ihm entgegen und lässt ein Fest ausrichten
vor lauter Freude über den Sohn, der wieder bei ihm ist.
Jesus sagt uns: So anders als menschliche Richter handelt Gott! Weil er uns von Schuld befreit, können wir
über seine Gerechtigkeit jubeln; weil er uns die Lippen
öffnet, verkünden wir täglich sein Lob (vgl. Ps 51,16 f).

Der Weg in die Gemeinschaft

Ein Weiteres machen Psalm und Gleichnis deutlich:
Wo in der Umkehr zu und der Vergebung durch Gott
ein Neuanfang geschieht, führt er in die Gemeinschaft

hinein. Wen Gott mit seiner Gnade beschenkt, der tritt neu und uneingeschränkt in Gottes „Familie" ein, ja, er wird für andere zum Wegbereiter dorthin (vgl. Ps 51,15). In unfasslicher Tiefe wird uns dies am Karfreitag offenbar. Wo hassende Menschen sich durch die Ablehnung Jesu, der uns das Evangelium von Gottes liebender Gnade gebracht hat, selbst das Urteil sprechen, da bittet Jesus um Vergebung (vgl. Lk 23,34), da hält er fest am Willen zur Gemeinschaft mit denen, die ihn martern. Jesus tut selbst, was er von Gott verkündet: Dem Verbrecher, der seine Schuld anerkennt, sagt er die Gemeinschaft im Paradies zu (Lk 23,40–43).

Gottes Gericht – Neuausrichtung durch Gott

Vergebung reicht in die Mitte des Evangeliums von der Gottesherrschaft; sie ist der Neuanfang, den Gott immer wieder setzt mit dem, der zu ihm zurückkehrt. Sie nimmt dem Schuldigen seine Last und macht sein Herz frei, sich immer mehr an Gottes liebendem Willen auszurichten. Sie nimmt ihn in die Gemeinschaft derer auf, die sich je und je von Gott begnadet wissen und seine Vergebungsbereitschaft einander weiterschenken. Nehmen wir diesen Gedanken mit in die kommende Zeit, vielleicht so, wie ihn Jochen Klepper formuliert hat: „Als wollte er belohnen, so richtet er die Welt."

Johannes Bernhard Uphus

Geistliche Begleitung

Was bis zum Zweiten Vatikanischen Konzil noch als weitgehend selbstverständlich galt, nämlich die regelmäßige Beichte, ist heute eher zu einer Seltenheit geworden. Der saloppe Spruch: „Die Beichtstühle sind leer, die Couchen der Psychiater finden regen Zuspruch", spiegelt etwas von diesem Wandel wider. Während früher das Bußsakrament für viele Menschen nicht nur der Ort der Sündenvergebung war, sondern auch der persönlichen Aussprache und des Ratsuchens, hat sich die Erörterung persönlicher Schwierigkeiten heute zum Teil in die Öffentlichkeit des Fernsehens verlagert. Hier werden angebliche und auch echte Probleme ausgepackt, man outet sich und erntet dafür zwar den johlenden Applaus der Menge und manchmal fragwürdige Ratschläge, nicht selten aber auch anschließend neue psychische Probleme, weil ganz persönliche Schwierigkeiten sich nicht in der Fernsehöffentlichkeit lösen lassen. Darüber hinaus steht außer Frage, dass Sündenvergebung im Namen Gottes, wie sie im Bußsakrament geschieht, von einer „Fernsehbeichte" nicht geleistet werden kann, ja, dort nicht einmal in den Blick kommt.

Der Rückgang der persönlichen Beichte hat indes eine andere Form der Hilfe auf dem Weg des Glaubens neu belebt beziehungsweise wieder stärker ins Bewusstsein gehoben: die geistliche Begleitung. Bekannt ist religionsübergreifend die Suche nach geistlicher Führung oder einem „Meister" im geistlichen Leben. Hier ist zum Beispiel an die Weisungen der Wüstenväter zu denken, die vielen suchenden Menschen Orientierung im Glauben brachten.

Geistliche Begleitung geschieht zu dritt

In der geistlichen Begleitung als Hilfe zu einem vertieften christlichen Leben sind immer drei beteiligt: der/die Suchende, der/die Begleitende und Gott. Geistliche Begleitung will suchenden Menschen helfen, ihre Beziehung zu Gott zu klären, sie gegebenenfalls zu ändern oder zu verstärken und dadurch geistliches Wachstum zu fördern. „Guter Meister, was muss ich tun, um das ewige Leben zu gewinnen?" (Mk 10,17), wird Jesus unterwegs von einem Mann gefragt, der mehr sucht als das, was er bisher religiös praktiziert. Im Zentrum geistlicher Begleitung steht Gott, steht Jesus Christus. Der Geist Gottes, der uns „in die ganze Wahrheit" führen will, bewirkt, dass wir dabei einander Wegbegleiter im Glauben sein dürfen.

Kommt und seht!

Die Motivation für geistliche Begleitung kann sehr unterschiedlich sein, was im Gespräch abzuklären ist. Da kann es unter anderem um neuen Schwung im Glauben, im Beten gehen, auch um religiöses Leistungsdenken (Perfektion) oder darum, dass bestimmte Berufe eine geistliche Begleitung fordern. Nicht immer sind dem Suchenden die tieferen Beweggründe klar. Im Johannesevangelium fragt Jesus die ersten Jünger: „Was sucht ihr?" – und er nimmt sie mit auf seinen Weg: „Kommt und seht!" (1,38f).

Voraussetzung für die geistliche Begleitung ist auf der Seite der Suchenden, dass es um ihre Beziehung zu Gott geht, dass sie Gott tiefer kennenlernen wollen: „Was muss ich tun?"

Wer Menschen begleiten will, muss natürlich selbst im Glauben verwurzelt sein. Über einen solchen „Erfahrungsvorsprung" hinaus aber braucht er/sie bestimmte Fähigkeiten im Umgang mit Menschen, für die es entsprechende Ausbildungen gibt. Nur wer selbst Wüstensituationen kennt, darum weiß, dass Biografien nicht einfach glatt und problemlos verlaufen, kann andere verstehen und ihnen beistehen. Wer um heilende, aber auch um krankmachende Gottesbilder weiß, erkennt auch ihre aufbauende oder zerstörerische Wirkung.

Zuhören

Wenn klar ist und bleibt: Der Begleiter, die Begleiterin steht dafür, dass die Beziehung zwischen dem Begleiteten und Gott im Zentrum der Gespräche steht, dann ist wirkliche Hilfe möglich. Dabei geht es nicht um ein Frage- und Antwortspiel. Der/die Begleitende muss nicht auf alles eine klärende Antwort geben können. Entscheidend in der Begegnung ist, dass er/sie zuhören kann in einem doppelten Sinn: Was bewegt diesen Menschen jetzt ganz konkret (Mimik und Gestik sind dabei oft sehr aufschlussreich, spiegeln Gefühle wider)? Und zugleich gilt es zu hören: Wie will *Gott* ihn begleiten, wohin ihn führen? Wichtig ist, dass der/die Begleitende hilft, die verschiedenen Bewegungen im Suchenden zu unterscheiden (Unterscheidung der Geister). Achtung voreinander, Vertrauen und Offenheit auf beiden Seiten können helfen, die Spuren Gottes zu entdecken und der Führung des Geistes bewusster Raum zu geben.

Geschwisterliches Miteinander im Glauben

Es liegt auf der Hand, dass geistliche Begleitung da, wo sie gelingt, zu einem geschwisterlichen Miteinander im Glauben führt, was beide bereichert. Da können Fragen der persönlichen Berufung genauso thematisiert werden wie Fragen der Bewältigung von Schuld, Glaubenszweifel ebenso wie Probleme im Umgang mit der Freiheit. Alles, was Leben fördert oder blockiert, ist auch förderlich oder hinderlich im Glauben.

Wenngleich in der geistlichen Begleitung kaum etwas von vornherein aus den Gesprächen ausgeklammert werden kann, ist doch eine klare Abgrenzung zu anderen Begleitgesprächen nötig. Der geistliche Begleiter, die Begleiterin ist zum Beispiel kein Psychotherapeut, keine Psychotherapeutin. Deshalb wird er/sie bei entsprechenden Problemen unbedingt weiterverweisen müssen. Im Unterschied zu seelsorglichen Gesprächen (inhaltliche Gemeinsamkeiten sind gegeben; aber meistens geht es da um einzelne Gespräche) geht es in der geistlichen Begleitung um klare Vereinbarungen und Gespräche über einen längeren Zeitraum. Beide, Begleitende und Begleitete, werden von Zeit zu Zeit überprüfen, ob die Zielsetzung noch stimmt und der gemeinsame Weg ein geistlicher ist.

Der Apostel Paulus schreibt den auf ihre Freiheit so sehr bedachten Korinthern: „Wo der Geist des Herrn wirkt, da ist Freiheit" (2 Kor 3,17). Geistliche Begleitung, die diesen Namen verdient, will Menschen in die größere Freiheit des Geistes führen.

Sr. Maria Andrea Stratmann SMMP

Gesten und Riten der Umkehr und der Versöhnung

Wenn wir uns die Beichtpraxis vor Augen führen, die nicht wenige noch Jahre nach der Liturgiereform erlebt haben, so fällt es auf den ersten Blick nicht leicht, ein sakramentales Zeichen und einen wirklichen Ritus zu beschreiben. Die in einem Beichtstuhl durch ein Gitter getrennten Personen des Priesters und der beziehungs-

weise des Beichtenden waren scheinbar nur verbal miteinander verbunden. Auf das Sündenbekenntnis und
gegebenenfalls die Zurechtweisung oder Belehrung
folgte die Lossprechung durch den Priester. Gebetet
wurde vor und nach dieser Beichte – als Vorbereitung
und als Ableistung einer auferlegten Buße. Nur das
Kreuzzeichen des Priesters bei der Lossprechung barg
so etwas wie ein Handlungsgeschehen.

Antikes Bußverfahren als Paradigma

Anders hingegen stellte sich das Bußverfahren der Spätantike dar, das ausführliche und vom Bischof geleitete
Feiern der ganzen Gemeinde beinhaltete, dem sich allerdings nur Personen unterwerfen mussten, die sich
schwerster Sünden (Mord, Ehebruch, Glaubensabfall)
schuldig gemacht hatten. Diese Sünder galten bereits
durch ihre Taten als von Gott getrennt und außerhalb
der kirchlichen Gemeinschaft stehend. Indem sie im
Geheimen vor dem Bischof ihre Schuld bekannten, gaben sie den Weg frei für das öffentliche Bußverfahren.
In einer feierlichen Bußeröffnung am Aschermittwoch
wurde ihnen als Zeichen des Büßerstandes Asche auf-
gelegt und ein Büßergewand angezogen. Dann wurden
sie demonstrativ aus der Kirche „ausgestoßen“, um ein
zweites Katechumenat (= Taufvorbereitung) bis Ostern
zu durchleben. Wurde dieser Büßerstand später oftmals
als Strafe verstanden, so steht dahinter eigentlich das
Bewusstsein, dass die Sünder des intensiven fürbitten-
den Gebets der Gemeinde bedürfen. Die alte Kirche
kannte sogar regelmäßige Büßersegnungen während
dieser Zeit. Wie Ostern der eigentliche Tauftermin des
Jahres war, so fand zu diesem Fest – oftmals am Gründonnerstag – auch die Wiedereingliederung der Büßer
statt. Sie wurden feierlich wieder in die Kirche geführt

und aufgenommen, verbunden mit einer ausdrücklichen Absolution durch den Bischof.

An diesem Ritengefüge werden die entscheidenden Handlungen der Umkehr und der Versöhnung deutlich: Aufseiten des Sünders ist dies das verbale und zeichenhafte Bekenntnis zur eigenen Schuld, das die Bereitschaft zur Umkehr beinhaltet. Vonseiten der Kirche ist dies das fürbittende Gebet für den Sünder und die Wiederaufnahme in die Kirche. Dahinter steht das Bewusstsein der Kirche, dass Gott einem Menschen, dem die Gemeinschaft der Glaubenden vergeben hat, ebenfalls vergeben hat.

Letztlich lassen sich diese Riten auf ganz allgemeinmenschliche Verhaltensformen zurückführen: Versöhnung geschieht und neue Lebensgemeinschaft bildet sich überall dort, wo Menschen zu ihren Schwächen, ihren Fehlern und ihrer Schuld stehen und wo andere dieses Bekenntnis annehmen und durch neue Aufnahme in die Gemeinschaft, durch neue Herstellung von Nähe bestätigen. Versöhnung geschieht so zwischen Liebenden, in der Familie, zwischen Freunden und Bekannten, aber auch zwischen Feinden.

Weitere Formen von Versöhnung und Buße

So kennen wir auch in der Liturgie außerhalb der Buße viele solcher Gesten und Riten: Demutshaltungen (z. B. Knien), das Schlagen gegen die Brust bei einem Sündenbekenntnis und den Empfang des Aschenkreuzes am Aschermittwoch als Zeichen der Umkehrbereitschaft. Als Zeichen unserer Umkehr und Versöhnung können die vielfachen Segnungen mit Weihwasser gelten. Ein besonderes Versöhnungszeichen ist das Händereichen zum Friedensgruß, weil wir nur als untereinander Versöhnte würdig die Eucharistie empfangen können. Das römische Messbuch für den Kongo nimmt deshalb sogar eine Umstellung im Ablauf der Messe vor: Der Bußakt steht dort erst hinter dem Hören und der Auslegung des Evangeliums und mündet bereits vor der Gabenbereitung in den Friedensgruß.

Indem die oben beschriebene „öffentliche Buße" im 2. Jahrtausend von der aus dem Mönchtum stammenden Beichte abgelöst und diese auf alle Sünden bezogen wurde, verarmte mit der Zeit auch die Handlungsdimension des Bußsakraments. Bis zur Reformationszeit ist aber noch eine Handauflegung durch den Priester bei der Lossprechung möglich. Mit den in der Zeit der Gegenreformation eingeführten Beichtstühlen verkümmerte diese Handauflegung zu einer angedeuteten Handausstreckung, die vom Kreuzzeichen während der Absolution überdeckt zu sein schien.

Ansätze einer Reform

Erst die Reformen nach dem Zweiten Vatikanum eröffnen den Weg, die Handlungsdimensionen des Bußsakraments wiederzuentdecken. Es geht dabei nicht um eine Revitalisierung der spätantiken Form der öffentlichen Buße, die genauso eine zeit- und gesellschaftsgebundene Ausdrucksgestalt bilden dürfte wie die traditionelle Beichte im Beichtstuhl. Vielmehr geht es um die Revitalisierung des zutiefst menschlichen Geschehens und Ausdrückens wirklicher Versöhnung zwischen Menschen – von der wir uns die Versöhnung mit Gott nicht verschieden denken können. Oftmals lassen Bußgottesdienste etwas von einer zukünftigen Form erahnen, die noch herauszuarbeiten ist. Nicht ohne Grund sieht die Liturgiewissenschaft die Reform des Bußsakraments als unabgeschlossene Aufgabe nach dem Zweiten Vatikanum an.

Friedrich Lurz

143

Krankensalbung

KAPITEL 7

Aufstehen zum Leben
Die Krankensalbung als Sakrament der Aufrichtung

Er fällt uns nicht leicht, der Besuch am Krankenbett, weil uns das Herz schwer ist, weil wir um den Kranken, um die Kranke fürchten. Er fällt uns aber auch schwer, weil wir die Berührung mit der Welt der Krankheit scheuen. Mit Schwäche und Leiden wollen wir möglichst wenig zu tun haben. In unserer Gesellschaft geht es ja darum, „gut drauf zu sein", „positiv zu denken" und vor allem „Leistung zu zeigen". Leiden und Leidende sind da fehl am Platz, sie sind „einfach peinlich". So würden wir das natürlich nie sagen und wohl auch nicht fühlen. Und doch sind auch wir von solchen Wertungen „angesteckt".

Praktische Unsicherheiten kommen hinzu. Bei einem durch Krankheit veränderten, geschwächten Menschen zu sitzen, seine Hand zu halten, mit ihm zu sprechen und zu schweigen, seinen Worten zuzuhören oder seinem Atem, das sind Verhaltensweisen, die zumindest die Jüngeren unter uns nicht mehr erlernt haben. Schwere Krankheit und hohes Alter werden mehr und mehr aus der häuslichen Lebenswelt ausgelagert.

Neutestamentliche Wurzeln

„Ist einer von euch krank? Dann rufe er die Ältesten der Gemeinde zu sich; sie sollen Gebete über ihn sprechen und ihn im Namen des Herrn mit Öl salben", sagt der Jakobusbrief. Die Ölsalbung in der Kraft Christi, so fährt der frühchristliche Lehrer fort, wird begleitet von gläubigem Gebet. „Das gläubige Gebet wird den Kranken retten, und der Herr wird ihn aufrichten; wenn er Sünden begangen hat, werden sie ihm vergeben. Darum bekennt einander eure Sünden und betet füreinander, damit ihr geheilt werdet!" (Jak 5,14–16).

Diese Stelle aus dem Jakobusbrief wird herangezogen, wenn es um die biblische Begründung des Sakraments der Krankensalbung geht. Die Verben „retten" und „aufrichten" (Vers 15) stehen in der Tradition der Wunder- und Heilungsgeschichten Jesu. Der Jakobusbrief lenkt unseren Blick auf Jesu eigenes Verhalten gegenüber Kranken und Leidenden und erinnert uns daran, dass Jesus den Auftrag zur Krankenheilung an die Seinen weitergegeben hat (vgl. Mk 6,12f). Jesus lebte ganz aus Gott und ganz auf die Menschen hin. Im Sakrament der Krankenheilung wird diese „Lebensart" Jesu gegenwärtig.

Sakramentale Zeichen – geschichtliche Wandlungen

Es sind vor allem zwei Zeichen, die das sakramentale Geschehen der Krankensalbung durch die Jahrhunderte hindurch verdeutlichen: das gläubige Gebet über den Kranken und die Salbung mit Öl. Öl war in der Antike ein medizinisches „Hausmittel"; besonders in der Wundbehandlung spielte es eine wichtige Rolle.

Das Sakrament der Krankensalbung hat im Lauf seiner Geschichte auffällige Wandlungen durchgemacht. Der Name, den es zwischen dem 12. und dem 20. Jahrhundert trug, „Letzte Ölung", zeigt dies an. Nach dem Zeugnis des Neuen Testaments und noch im 1. Jahrtausend war das Sakrament auf die umfassende Heilung des kranken Menschen ausgerichtet. Seelisches Heil und leibliche Heilung waren in ihrer Zusammengehörigkeit und Verbundenheit im Blick. Die Krankensalbung konnte bei allen denkbaren Krankheiten empfangen werden, vom Kopfschmerz bis zur psychischen

Erkrankung oder körperlichen Behinderung. Nicht nur Priester und Bischof, sondern auch Laien salbten Kranke, ja diese selbst salbten sich mit dem geweihten Öl. „Es sei Schutz des Leibes für jeden, der sich damit salbt, es genießt und berührt", erbittet das ursprüngliche römische Weihegebet für das Öl.

Im frühen Mittelalter verengte sich das Verständnis. Zusammen mit dem Bußsakrament und der Kommunion, der „letzten Wegzehrung", galt das Sakrament, das jetzt „Letzte Ölung" genannt wurde, nur noch als Sterbesakrament. Im Bewusstsein der Gläubigen wurde die „Letzte Ölung" zum nicht selten furchterregenden Zeichen eines unabwendbar bevorstehenden Todes. Oftmals wurde das Sakrament erst gespendet, wenn der Sterbende bereits das Bewusstsein verloren hatte. Eine heilsame Wirkung erhoffte man einzig für das Leben nach dem Tod.

Biblische Erneuerung

Erst im 20. Jahrhundert schuf das Zweite Vatikanische Konzil die Voraussetzungen für ein Verständnis dieses Sakraments, das der Praxis Jesu und dem neutestamentlichen Text (Jak 5,14–16) wieder klarer entsprach. Das Einführungswort zur FEIER DER KRANKENSAKRAMENTE, das die Bischöfe des deutschen Sprachgebietes 1974 herausgaben, zeugt von diesem Bemühen. In ernster Krankheit oder im hohen Alter, so heißt es hier, ist die Krankensalbung das „Sakrament der Aufrichtung": „Die Krankensalbung muss in den gläubigen Gemeinden wieder das eigentliche Sakrament der Kranken werden." Ihr eigentlicher Ansatzpunkt im Leben, so heißt es weiter, sei nicht etwa das nahe Ende. Die Krankensalbung dürfe „nicht als Vorbote des Todes erscheinen. Vielmehr will der Herr in diesem

Sakrament dem kranken Menschen als Heiland im tiefsten Sinn des Wortes so begegnen, wie er es in seinem
irdischen Leben mit Vorliebe getan hat" (S. 21).

Gott sitzt am Krankenbett

„Denn ich bin der Herr, dein Arzt", sagt Gott seinem
Volk (Ex 15,26): Israel soll auf sein Lebenswort so hören, wie man einer rettenden ärztlichen Verordnung
folgt. Gott ist Arzt, Gott will unsere Heilung, Gottes
„Schechina", seine dem Menschen zugewandte Seite,
sitzt selbst am Krankenbett, das ist die Überzeugung
der Rabbinen. Gott ist bei den Leidenden: Auf diesem
Glauben fußt die christliche Krankensalbung. Durch
das Sakrament der Krankensalbung kommt Jesus, der
Christus, der „Gesalbte", Jesus, der Immanuel, der
„Gott-mit-uns", zum kranken Menschen in seiner leiblichen Not und seelischen Dunkelheit und nimmt diese
in seine leiderfahrene, mitleidende Liebe hinein.
    Ob dieser Besuch am Krankenbett auch unsere Er-
folgsfixierung, unsere heillose Lieblosigkeit heilt?
Susanne Sandherr

Von der heilenden Kraft des Glaubens

Schwere Krankheit stellt das Leben aller Beteiligten in
Frage: unmittelbar das Leben des und der Erkrankten,
aber mittelbar auch das der persönlichen Umgebung.
Wenn ein uns nahestehender Mensch leidet, müssen
wir uns zu seiner Lage in der einen oder anderen Weise
verhalten. In unserer Gesellschaft kommt es nicht selten vor, dass diese Frage durch Übergeben des Kranken in die Obhut professioneller Kräfte beantwortet

wird: Für die körperliche Seite sind ärztliches und pfle-
gendes Personal zuständig, für die seelische – wenn sie
denn genügend in den Blick kommt – sind es Thera-
peuten oder Seelsorger. Die Spezialisten nehmen, ähnlich wie in anderen Bereichen, dann nahezu ausschließlich die Versorgung wahr.

Eine andere Möglichkeit, der Frage des Krankseins
an uns zu begegnen, ist die, uns der oder dem Kranken, durchaus mit professioneller Unterstützung, bewusst zuzuwenden. Sicher, dies bedarf eines gewissen
Maßes an Mut und Selbstüberwindung. Aber ich
meine, wir werden dadurch innerlich reicher, und mehr
noch: Vielleicht bricht zwischen uns und unseren kranken Mitmenschen etwas wie neues Leben an.

Salbung als seelisch-leibliche Zuwendung

Kranke Menschen empfinden die Behandlung mit Öl
oder Salben oft als angenehm und wohltuend (siehe
Seite 148 f.). Liegt dies daran, dass die so erfahrene
leibliche Nähe dazu beiträgt, Verspannungen der Seele
zu lösen und Geborgenheit zu spüren? Bei der Salbung
geschieht jedenfalls eine Form der Zuwendung, in der
seelische und leibliche Nähe sehr eng beieinanderlie-
gen. Um diesen Zusammenhang weiß die Bibel, wenn
sie die wohltuende Wirkung des Öles betont (vgl. z. B.
Ps 23,5; 104,15), ja, es manchmal sogar zum Träger und
Sinnbild der Freude erhebt (Ps 45,8 oder Jes 61,3).

Freudenöl und Trauergewand

Die zuletzt genannte Stelle im Jesajabuch sollten wir
näher betrachten. Das Freudenöl steht dort dem Trauer-
gewand gegenüber; es soll dem zerstörten Jerusalem
Sinnbild der Wende sein, die Jahwe herbeiführt. Nun

ist es nicht irgendwer, der Zion dieses Öl überbringt, sondern jemand, der zwei Verse zuvor von sich sagt: „Der Geist Jahwes, meines Herrn, ruht auf mir; denn Jahwe hat mich gesalbt" (Jes 61,1). Jemand also, der in der Salbung selbst Gottes segnende Zuwendung erfahren hat. Jemand, der in dieser Zuwendung den Geist Jahwes empfangen hat, den Geist, der ihn antreibt, den Armen eine frohe Botschaft zu bringen und alle zu heilen, deren Herz zerbrochen ist (vgl. ebd.). Nach Lukas hat Jesus dieses Wort ausdrücklich auf sich bezogen (vgl. Lk 4,16–30); gewiss hat er daraus gelebt. Nicht von ungefähr hat er gerade den Armen und Bedrückten Gottes Herrschaft zugesagt (vgl. Lk 6,20–26) und seine Krankenheilungen als deren Anbruch aufgefasst (vgl. Lk 7,21 f).

Gottes rettende Zuwendung

Hier möchte ich einen zentralen Anknüpfungspunkt für die sakramentale Krankensalbung sehen. In ihr schenkt die Kirche den Kranken durch den Priester zum einen Gottes rettende, auf die Heilung des ganzen Menschen gerichtete Zuwendung. Im Geist Jesu – dem Geist Jahwes, des Bundesgottes, dem es um die Gemeinschaft unter uns Menschen geht – nimmt sie Anteil am Geschick der Schwester und des Bruders. Aber noch ein Zweites bringt sie zum Ausdruck: dass dieser leidende Mensch ihr selbst wichtig ist. Sie bezeugt den Kranken, dass sie Gott – trotz und mit ihrer Krankheit – am Herzen liegen, und zugleich, dass sie gerade in dieser Lebenssituation für die Kirche unentbehrlich sind. Unentbehrlich inwiefern? Als geheimnishafter Leib Jesu, des Gekreuzigten, kann die Kirche an Leiden und Tod eines Menschen nicht vorbeigehen. Dies nicht allein deswegen, weil Jesu Geist sie drängt, sich um die Schwachen zu kümmern, oder weil sie Jesus selbst in den Leidenden erkennt. Gewiss, sie harrt – wie die Mutter und der Jünger bei Jesus – bei ihnen aus, um ihnen im Geist des Erbarmens nahe zu sein. Aber es ist manchmal auch der und die von Krankheit Betroffene selbst, die und der die Gemeinschaft stärken und trösten kann, so wie Jesus in seinem Sterben, seiner vertrauenden, hoffenden Hingabe den beiden Treuesten Kraft gab, ihren eigenen – und von nun an gemeinsamen – Weg vertrauend weiterzugehen. Wer sich in seinem Leiden von Christus begleitet weiß, wer seine Krankheit im Geist Jesu zu tragen vermag, gibt den in der Gemeinschaft empfangenen Segen an seine Geschwister zurück – so wie die Nähe, die einem Kranken durch Salbung zuteil wird, auch dem Salbenden selbst aufhilft und Zuversicht schenkt. Jene Menschen, die ihren persönlichen Leidensweg mit Jesus und in seinem vertrauenden Hoffen auf die Treue des Vaters gehen, strahlen selbst Jesu tröstende Kraft in ihre Umgebung aus, werden ihm ähnlich: Christen, von Jesu Geist Gesalbte. In ihnen wird Gottes Herrschaft Wirklichkeit: Wenn ihre Gottesbeziehung sie noch im Leiden trägt und sie aus dieser Beziehung heraus ihren Mitmenschen zum Trost werden.

Zur Nachfolge gerufen

Steht es mir als Gesundem zu, das zu sagen? Von mir selbst her nicht, und ich weiß nicht, ob ich zu solcher Jesusnachfolge in der Lage sein werde. Bei anderen Menschen habe ich ihr jedoch begegnen dürfen; ihnen verdanke ich die Möglichkeit, so zu schreiben. Der Ernst des Krankseins soll nicht beschönigt, Not und Leid sollen nicht durch salbungsvolle Worte abgetan werden. Vielleicht aber begegnen wir Gottes heilender

Kraft, wenn wir Kranksein und Sterben – ganz im Sinn der Hospizbewegung – als zum Leben gehörend annehmen und gemeinschaftlich tragen. Möglich gar, dass sich dort, wo nahestehende Menschen uns in solcherart gelebtem Glauben vorausgehen, ein Ansatz von Ostererfahrung zeigt; möglich, dass es uns geschenkt wird, das wirkliche Fortdauern einer derart intensiv durchlebten Gemeinschaft über den Tod hinaus zu fühlen.

Johannes Bernhard Uphus

Die Salbung Jesu durch Frauen

Alle vier Evangelien sprechen von einer Salbung Jesu durch Frauen. Bei Markus (14,3–9), Matthäus (26,6–13) und Johannes (12,1–11) findet die Salbung Jesu in Bethanien statt, bei Lukas (7,36–50) im Haus eines Pharisäers namens Simon. Immer geht es darum, dass während eines Mahls eine Frau an Jesus herantritt und ihm die Füße (Johannes und Lukas) beziehungsweise den Kopf (Markus und Matthäus) salbt.

Zeichen bleibender Verbundenheit

Die Salbung von Menschen mit Salböl diente im Lauf der Zeit unterschiedlichen Zwecken. Hier geht es darum, dass die Frauen durch die Salbung ein Zeichen besonderer Verbundenheit mit Jesus setzen. Gleichzeitig enthält dieses Zeichen aber auch eine wichtige Botschaft für die Umstehenden, die – aus unterschiedlicher Motivation – Anstoß nehmen an der Salbung Jesu.

Für die Salbungsgeschichten im Neuen Testament lässt sich ein Traditionszusammenhang feststellen, wobei offenbleibt, ob es nur eine Salbung Jesu gegeben hat, von der die Evangelisten mit unterschiedlicher Akzentuierung sprechen, oder möglicherweise zwei. Um die Bedeutung einer solchen Salbung für Jesus, für die Frauen und die anderen Anwesenden herauszustellen, scheint es sinnvoll, vom ältesten Text, Markus 14,3–9, auszugehen.

Luxus

Der Kontext des Markusevangeliums macht deutlich, dass die „Salbung Jesu in Bethanien" den Bericht vom Beschluss der Obrigkeit, Jesus zu töten, vom Verrat durch Judas trennt. Als könnte das drohende Unheil noch abgewendet werden, unterbricht Markus den Gang des Bösen durch eine solch zarte Begegnung Jesu mit einer Frau. Auch Matthäus und Johannes kontrastieren die Salbung Jesu mit dem Verrat durch Judas. Die lukanische Salbungsgeschichte ist ohne Zeitangabe und gehört mitten hinein in die Spanne der öffentlichen Wirksamkeit Jesu in Galiläa.

Markus und Johannes betonen, dass die Frau Jesus mit kostbarem Nardenöl salbt, das aus den Wurzeln einer indischen Pflanze gewonnen wurde. Beide weisen auf den hohen Wert dieses begehrten Importartikels hin: „(mehr als) dreihundert Denare", während Matthäus und Lukas die Kostbarkeit und den Duft des Öls hervorheben. Alle vier Evangelisten lassen keinen Zweifel daran, dass die Frau, die sich nicht scheut, sich in eine Männergesellschaft zu begeben, hier das Kostbarste bringt, was sie besitzt. Und Jesus lässt es geschehen; er lässt sich berühren von einer (nach Markus und Matthäus) namenlosen Frau und wehrt sie nicht ab. Johannes nennt die Frau Maria, und Lukas spricht von einer Sünderin. Im 4. Jahrhundert setzte man die Namenlose mit Maria von Magdala (vgl. Mk 15,40) und der Sünderin (Lk 7,37) gleich, woraus das Bild der büßenden Maria Magdalena entstand, die dann zur ersten Zeugin der Auferstehung wurde (Mk 16,1).

Kostbares Zeichen kostbarer Liebe

Entscheidend ist nun die Reaktion der am Gastmahl beteiligten Personen auf das durch die Salbung gesetzte stumme Zeichen der Liebe. Nach Markus regen sich einige der Anwesenden über eine solche Verschwendung auf. Man hätte das Öl doch verkaufen und mit dem Geld vielen Armen helfen können. Bei Matthäus sind es die *Jünger*, die Anstoß nehmen und die Verschwendung anprangern (aber nur untereinander), und bei Johannes ist es *Judas*. Es stimmt, mehr als 300 Denare entsprechen etwa dem Jahresverdienst eines Tagelöhners. Aber das Urteil der Männer macht deutlich, wie wenig sie begriffen haben, dass die Gegenwart Jesu eine solch außergewöhnliche Handlung rechtfertigt.

Für Johannes ist Maria die einzige, die Jesu wirkliche Größe erkannt hat und deshalb richtig handelt. Die Kostbarkeit des Öls entspricht ihrer kostbaren Liebe. Judas dagegen wird negativ dargestellt. Nicht um die Armen gehe es ihm, heißt es bei Johannes, sondern ein Dieb sei er, der als Kassenwart Gelder veruntreue. Im Kontext des Johannesevangeliums entspricht damit Judas' Verhalten dem des Mietlings (vgl. Joh 10,10.13), dem Gegenbild zum guten Hirten.

Sie hat ein gutes Werk an mir getan

Jesu Antwort auf den Vorwurf, die Frau verschwende teures Öl, was in seinem Wert besser den Armen zukommen solle, fordert bei Markus, Matthäus und

Johannes eindeutig, die Frau in Ruhe zu lassen, und Markus und Matthäus ergänzen: „Sie hat ein gutes Werk an mir getan" (Mk 14,6; Mt 26,10). Gemeinsam betonen alle drei, dass die Sorge für die Armen jederzeit erfolgen könne, Jesus aber nicht immer bei ihnen sei. Nach Markus hat die Frau getan, was sie konnte. Ihr Dienst ist als prophetisches Zeichen zu verstehen, ein Hinweis auf die Passion Jesu: „Sie hat im Voraus meinen Leib für das Begräbnis gesalbt" (Mk 14,8).

Die Salbung Verstorbener ist im Judentum bekannt. Hier hat die Frau vorweggenommen, was dann nach Jesu Tod nicht mehr stattfindet, weil er auferweckt wurde (Mk 16,11). Auch das bekräftigen Markus, Matthäus und Johannes, dass diese mutige Tat der Frau überall in Erinnerung bleiben wird, wo die Frohbotschaft verkündet wird.

Siehst du diese Frau?

Sowohl der Einwand gegen die Salbung als auch Jesu Antwort darauf gehen im Lukasevangelium in eine andere Richtung. Hier ist es Simon, der Gastgeber, dem die Salbung Jesu durch eine stadtbekannte Sünderin suspekt ist. „Wenn er (Jesus) wirklich ein Prophet wäre, müsste er wissen, was das für eine Frau ist, von der er sich berühren lässt ..." (Lk 7,39). In einem Gleichnis versucht Jesus, dem Pharisäer Simon eine Brücke zu bauen, damit er versteht, was Handeln aus Liebe bedeutet. Indem er ihn fragt: „Siehst du diese Frau?", lenkt er den Blick des Gastgebers auf die Sünderin, mit der – im Verständnis des Pharisäers – Jesus keinen Kontakt haben dürfte. Für Jesus jedoch zählt nur das Eine: „Ihr sind ihre vielen Sünden vergeben, weil sie mir so viel Liebe gezeigt hat" (Lk 7,47).

Unabhängig von der unterschiedlichen Intention des einzelnen Evangelisten nimmt der Einwand der Männer gegen die Tat der Frau einen breiten Platz ein in den vier Salbungsgeschichten. Das mag ein Hinweis darauf sein, wie schwer sich die Männer taten, die souveräne Haltung Jesus gegenüber Frauen zu verstehen und zu akzeptieren. Da wäre es gut, die Salbungsgeschichten aus der Perspektive der Frauen neu zu lesen, um Jesus besser zu verstehen, der solche Nähe zulassen und schenken kann.

Sr. Maria Andrea Stratmann SMMP

Salbung der Kranken – Sorge um die Kranken

In den letzten Jahren ist in einigen evangelischen Gemeinden eine bemerkenswerte Entwicklung festzustellen: Obwohl die evangelische Tradition keine Krankensalbung kennt (wohl aber Gottesdienste bei Kranken, deren Mittelpunkt die Stärkung durch Gebet, das Wort Gottes und – in der lutherischen Tradition – das Abendmahl bildet), praktizieren diese Gemeinden eine Salbung von Kranken. Impulse dazu kommen aus feministischen Kreisen, aber auch aus der weltweiten Ökumene und der katholischen Tradition.

Liturgische Öle

Die Verwendung von Öl in der Liturgie lässt sich durchweg bis in die Anfänge christlicher Liturgie zurückverfolgen – vielfach sogar bis in jüdische und heidnische Wurzeln. Die antike Welt band die Übertragung göttlicher Kraft vielfach an Trägerstoffe, wozu sich Öle in besonderer Weise eigneten, da sie dauerhaft am Körper zu haften und einzuwirken schienen. Dass die Öle auch heute noch eine wichtige Rolle in der Liturgie spielen, wird nicht zuletzt daran deutlich, dass das Katechumenen-, das Chrisam- und das Krankenöl in einem eigenen, zentralen Gottesdienst am Gründonnerstag vom Bischof geweiht werden, bevor man sie anschließend im Bistum zum Gebrauch durch die Priester verteilt. Genutzt werden die Öle im Katechumenat, bei der Taufe, der Firmung, den Weihen und der Krankensalbung.

Krankensalbung in der Geschichte

Gerade die Krankensalbung lässt gut erkennen, dass die christliche Liturgie mit ihren sakramentalen Zeichen immer an den natürlichen und alltäglichen Gebrauch der Dinge anknüpfen möchte. Öle und Salben bilden in der Antike aus Mangel an internistischen und chirurgischen Kenntnissen ein Hauptmittel medizinischer Hilfe. Daneben gilt die Bekämpfung dämonischer Kräfte als wichtige Therapie, sodass das heilende Handeln Jesu oftmals als Vertreibung von Dämonen erfahren und dargestellt wird. Diese Fürsorge Jesu für die Kranken bildet die entscheidende bibeltheologische Grundlage unserer Krankensalbung. Hinzu kommt das eindrückliche Zeugnis der jungen Gemeinden im Jakobusbrief (Jak 5,14–16). Hier ist von den zwei Dimensionen der Salbung und des Gebets der Ältesten über die Kranken die Rede.

Entsprechend der antiken Sicht des Menschen war nämlich nicht wie in der Neuzeit eine Trennung von Körper und Geist eines Menschen denkbar. Die medizinische Fürsorge für die Menschen durch Salben musste begleitet werden vom Gebet, da allein Gott als der angesehen wurde, der einen Menschen heilen konnte. Entsprechend beten die Ältesten im Jakobusbrief um „Rettung" des Kranken im ganzheitlichen Sinn, nicht um seine rein körperliche Genesung.

Allerdings ist diese rettende Dimension in der Geschichte zunehmend von der heilenden Wirkung abgekoppelt und auf die Sündenvergebung enggeführt worden – mit der fatalen Folge, dass die Krankensalbung zur „Letzten Ölung" der Todesvorbereitung wurde und sogar die Sterbekommunion als letzte liturgische Feier vor dem Tod verdrängte. Wenn der Priester ins Krankenzimmer kam, so wurde dies nicht als intensive Sorge der Kirche um die Heilung des Kranken verstanden, sondern als Vorbereitung für den Tod – und damit als Ansage des Todes.

Salbung als Sorge um die Kranken

Erst die Liturgiereform nach dem Zweiten Vatikanischen Konzil hat versucht, dieser Fehlentwicklung entgegenzutreten. Sterbesakrament ist nun eindeutig die Wegzehrung, die Kommunion der oder des Sterbenden. Die Krankensalbung hingegen wird als Aufrichtung und Bitte um Heilung des ernsthaft Kranken im ganzheitlichen, nie allein im körperlichen Sinn verstanden. Von daher vertritt die Kirche in recht aktueller Weise ein Konzept von Heilung, das den Menschen nicht nur als funktionierenden Körper sieht, sondern auch seine geistig-seelische Dimension beachtet.

Gerade die Salbung kann heute vielleicht helfen, dieses Verständnis des Menschen herauszustellen. Denn anders als noch in der Antike stehen wir vor der – zunächst fatal erscheinenden – Situation, dass heute von der Medizin her Salben keine Wirkung zugesprochen wird, die über die konkrete Hautpartie hinausgeht. Salben dringen nicht ins Innere des Körpers ein, sondern wirken nur an der Oberfläche. Dennoch kann ich aus eigener Tätigkeit als Krankenpfleger bestätigen, dass Kranke die Anwendung von Salben und Ölen oftmals schätzen, weil sie einen Körperkontakt beinhaltet, eine Form der körperlichen Zuwendung darstellt und einfach Zeit braucht. Gegen eine Medizin der Geräte und schnellen Pilleneinnahme ist die Anwendung einer Salbe oder eines Öls eine Form der wirklichen Auseinandersetzung mit dem Kranken – nicht selten von Gesprächen begleitet, die in die Tiefe gehen können.

Diese Erkenntnis lässt sich auf unsere Praxis der Krankensalbung übertragen: Auch diese Form der Salbung bleibt in gewisser Weise an der Oberfläche stecken, wenn sie nicht von einer ganzheitlichen und dauerhaften Sorge um die Kranken getragen wird. Wie in den frühen christlichen Gemeinden muss auch heute das liturgische Handeln am Kranken von der pflegerischen und medizinischen Sorge um die Kranken begleitet sein. Erst eingebettet in diese Sorge erlangt die Krankensalbung ihre „Tiefenwirkung". Wahrscheinlich liegt hier eine zukünftige Herausforderung für die christlichen Gemeinden, die auch im Bereich der Caritas unter immer stärkeren Sparzwängen stehen.

Friedrich Lurz

Ordo

KAPITEL 8

Sakrament der Dienste

Beim Sakrament des Ordo denken wir oft nur an die Priesterweihe. Die Dreigliederung des Weihesakramentes ist häufig nicht im Blick. Darum soll hier, ausgehend von der neutestamentlichen Fülle der Dienste und Ämter, das eine, dreigestaltige sakramentale Weiheamt betrachtet werden.

Ursprüngliche Vielfalt der Dienste und Ämter

Die urchristlichen Gemeinden sind geprägt durch eine Vielzahl unterschiedlichster „Charismen", das heißt Begabungen im Dienst der Gemeinde. Die Charismen werden, wie vor allem Paulus in seiner Charismenlehre entfaltet, als Geistesgaben verstanden, die geschenkt werden, damit sie allen nützen. Das Charisma der Leitung ist dabei eines unter anderen (vgl. etwa 1 Kor 12,28). „Propheten und Lehrer" spielen in einigen Gemeinden eine tragende Rolle (vgl. ebd.; Apg 13,1). Verschiedentlich wird, der jüdischen Tradition des Ältestenrats entsprechend, Leitungsdienst im Team wahrgenommen. Eine Notwendigkeit, einzelne Aufgaben über die tatsächlichen Erfordernisse hinaus als Ämter auf Dauer zu fixieren, besteht zunächst noch nicht.

Dies ändert sich, als die unmittelbare zeitliche Naherwartung verblasst und zudem die Sorge um die Unterscheidung von christusgemäßer Lehre und Irrlehre wächst. Um die sich herausbildenden Ämter zu benennen, nutzte man Dienst- und Funktionsbezeichnungen aus dem weltlichen Alltagsleben oder griff auf die jüdische Gemeindeordnung zurück. Religiöse wie profane Strukturen dienten als Modelle. Voraussetzung für die Übernahme eines Amtes war die Bewährung im Alltag, in Beruf und Familie. Geeignete Christen konnten von

der Gemeinde gewählt oder vorgeschlagen werden und
wurden unter Gebet und Handauflegung in das Amt
eingesetzt (Apg 14,23; 1 Tim 4,14; 2 Tim 1,6). In dem
Maß, wie die Geistesgaben und Dienste als Ämter mit
Öffentlichkeitscharakter begriffen wurden, gerieten im
Gefüge der antiken Gesellschaft die christlichen Frau-
en ins Hintertreffen, während sie in Mission und Verkündigung, als Prophetinnen und Vorsteherinnen von
Hausgemeinden zunächst sehr präsent gewesen waren.

In einigen neutestamentlichen Gemeinden begegnen
uns Episkopen, wörtlich: Aufseher, Presbyter, das heißt
Älteste, und Diakone, Dienende. Die Herausbildung
der Ämter verlief dabei nicht einheitlich, einige Spät-
schriften des Neuen Testaments scheinen diese Entwicklung nicht zu kennen (Hebr; Jak; 1 Petr, 1 und
2 Joh; Offb). In den Pastoralbriefen wird eine Ordination überliefert, die auf die Einsetzung in ein Amt auf
Dauer schließen lässt (1 Tim 4,14; 5,22).

Das dreigliedrige Amt

Die eigentliche Ausprägung des bischöflichen Lei-
tungsamtes in der Überordnung des Episkopen über
Presbyter und Diakone, seine Mitarbeiter, geschieht in
unmittelbar nachneutestamentlicher Zeit im 2. Jahrhundert. Dem Bischof oblag vor allem die Sorge um
die rechte Lehre und ihre Einheit; die Presbyter sollten
ihn darin und in der Liturgie unterstützen; in besonderer Weise war den Diakonen zunächst der sozialcaritative Dienst anvertraut.

Nachdem jahrhundertelang das Weiheamt vom priesterlichen Dienst her gedeutet worden war, hat das
Zweite Vatikanum den Blick wieder auf die sakramentale Bedeutung und geistliche Funktion des Bischofsam-
tes gelenkt. „Der Bischof ist mit der Fülle des Weihesa-

kramentes ausgezeichnet", heißt es in Artikel 26 der Kirchenkonstitution LUMEN GENTIUM. Die umfassend als Heilsdienst gedeutete Verkündigung des Evangeliums wird als bischöfliche Aufgabe neu ins Licht gerückt (LUMEN GENTIUM, 25, 28). Das Zweite Vatikanum belebte auch den ständigen Diakonat neu, nachdem das Diakonenamt zuvor nur noch als Durchgangsstation zum Presbyterat, zum Priesteramt, wahrgenommen worden war. Der Diakonat als „eigene und beständige hierarchische Stufe des Weihesakraments" (LUMEN GENTIUM, 29) steht auch verheirateten Männern offen.

Priestertum Christi – Priestertum aller Gläubigen

Unser Wort „Priester" ist ein Lehnwort. Es ist vom griechischen „presbyteros", „Ältester", abgeleitet. Von dieser sprachlichen Wurzel her bezeichnet „Priester" das kirchliche Vorsteheramt, das geeigneten Gläubigen durch Handauflegung übertragen wird und ihnen die sakramentale Einweisung in einen fundamentalen kirchlichen Dienst schenkt.

In der frühen Überlieferung des Neuen Testaments wird deutlich, dass Jesus nicht im alttestamentlichen Sinn „Priester" ist. Da er zum Stamm Juda gehörte, war Jesus rechtlich gesehen „Laie" (Hebr 8,4). Doch bald führte das Nachdenken über die Lebenshingabe Jesu dazu, sein Leben und Sterben als „Gabe und Opfer" (Eph 5,2) zu deuten. Besonders der Hebräerbrief begreift Christus nachdrücklich als eigentlichen und einzigen „Hohepriester" (Hebr 9; 10). Bedeutsam ist, dass im Priestertum Jesu Christi Opfernder und Opfergabe zusammenkommen und dass von Christus her das ganze Leben, nicht nur besondere kultische Akte, als Gottesdienst begriffen wird. Neutestamentlich gibt es nur ein Priestertum, das Priestertum der

Selbsthingabe Jesu Christi, an dem alle Gläubigen
durch ihre Teilhabe an Christus Anteil haben. Wer
durch Taufe, Firmung und neues Leben zu Christus
gehört, gehört zu einem priesterlichen Geschlecht (vgl.
1 Petr 2,5.9; Offb 1,6). Gemeinsam mit allen Gläubigen
haben die Amtsträger am priesterlichen Charakter des
Gottesvolkes teil, und sie haben daran Anteil in der ihnen je eigenen Funktion, die der Auferbauung der Gemeinde dient. Als Teil der Gemeinde Jesu Christi stehen die ordinierten Amtsträger zugleich der Gemeinde
„in persona Christi" gegenüber. Die Ordination in
Form der Handauflegung, Zeichen des Segens und der
Inbesitznahme durch Gottes Geist, das schon aus dem
Alten Testament und dem vorchristlichen Judentum
bekannt ist, verpflichtet sie auf das in der Heiligen
Schrift bezeugte lebendige Evangelium, Jesus Christus.
Durch das Wirken des Heiligen Geistes werden die
Ordinierten zu bevollmächtigten Zeugen des Evangeliums vor der Gemeinde und für die Gemeinde. Bischof, Priester und Diakon, den ordinierten Getauften,
kommt eine unverzichtbare Funktion zu, gerade im
Blick auf den priesterlichen Auftrag und die priesterliche Lebensform des ganzen Gottesvolkes. – Vielleicht
kann die Besinnung auf dieses fundamentale Bezie-
hungsgefüge Orientierung geben angesichts der heute
oft beklagten „Krise des Amtes".

Susanne Sandherr

Im Dienst des Reiches

Wenn wir im Deutschen vom sechsten Sakrament sprechen, gebrauchen wir meist den Ausdruck „Priesterweihe". Das klingt, als sei das Sakrament auf die Wei-

heliturgie beschränkt. Nun heißt es lateinisch aber „sacramentum ordinis", wörtlich: Sakrament der (Ämter-)Ordnung. Dabei bezeichnet „ordo" sowohl die einzelne Stufe des Amtes (des Diakons, des Priesters, des Bischofs) als auch das Gefüge dieser drei Ämter als Ganzes. Im antiken Rom wurde ferner mit „ordo" („equester", „senatorius") der Ritter- und der Senatorenstand als Gesamtheit ihrer Mitglieder bezeichnet. Von hier aus kann man sagen: Das dreigliedrige kirchliche Amt, das heißt die einzelnen Amtsträger in Gemeinschaft miteinander bilden das Sakrament. Bischöfe, Priester und Diakone stehen miteinander dafür ein, dass jede und jeder Einzelne von uns Glaubenden dem Ruf Gottes zu folgen vermag. Sie tragen Sorge dafür, dass wir lernen, Gottes Stimme zu hören; sie helfen uns, diese verborgene Stimme von den vielen anderen zu unterscheiden, und machen uns Mut, ihr zu antworten (vgl. 1 Sam 3). Sie tun dies, indem sie ihre persönlichen „Charismen" sich entfalten lassen (siehe S. 165), mit ihrer ganzen Person dem Ruf Gottes antworten und Jesu Botschaft von Gottes Herrschaft, vom Walten seiner Gnade, Güte und Barmherzigkeit in ihrem Leben sich ereignen lassen. Anschließend möchte ich an drei Bischöfe erinnern, die mir auf ihre persönliche Weise Jesu Weg nahegebracht haben.

Für die Menschen bestellt

Joseph Kardinal Frings, von 1942 bis 1969 Erzbischof von Köln, bin ich nicht persönlich begegnet. Vielleicht ist es die Heimatstadt Neuss, vielleicht die gemeinsame Liebe zum Lateinischen, die mich mit ihm verbindet. „Pro hominibus constitutus", „für die Menschen bestellt" – dass er diesen Wahlspruch durch seine Nähe zu den Leuten, vor allem durch seine konkreten Anstrengungen zur Verbesserung der Lebensbedingungen in den Kriegs- und Nachkriegsjahren, aber auch durch seine volksnahen Predigten und seinen hintergründigen Humor eingelöst hat, macht ihn bis heute zu einem der populärsten Kölner Bischöfe. Sein „ich sinn für de Lück do", wie er seinen Wahlspruch einmal übersetzte, haben die Menschen im persönlichen Umgang gespürt; Kardinal Frings ist Zeit seines Lebens in erster Linie Seelsorger geblieben. Dieser Grundhaltung und den Erfahrungen der Nachkriegszeit verdanken sich auch die beiden Hilfswerke Adveniat und Misereor, die auf seine Anregung hin gegründet wurden. Dem Zweiten Vatikanischen Konzil hat Frings durch seine Geradlinigkeit wichtige Impulse gegeben. So trat er in der ersten Generalkongregation gemeinsam mit Kardinal Liénart aus Lille für einen Aufschub der Wahlen zu den Konzilskommissionen ein, wodurch die Vollversammlung größeren Einfluss auf deren Zusammensetzung bekam und folglich eine freiere Meinungsbildung ermöglicht wurde. Ferner trug er in der zweiten Sitzungsperiode deutliche Kritik an den Methoden des Heiligen Offiziums, der Vorgängerinstanz der heutigen Glaubenskongregation, vor und brachte dadurch die Reform der römischen Kurie wesentlich voran.

Wachsen lassen – Wachstumsklima schaffen

Bischof Klaus Hemmerle von Aachen (1975 bis 1994) habe ich zu Bonner Studienzeiten kennengelernt. Am tiefsten hat sich mir ein Vortrag eingeprägt, den er einmal über die bischöfliche Autorität gehalten hat. Ausgehend vom Zusammenhang der lateinischen „auctoritas" mit dem Verbum „augere", „mehren, wachsen lassen", sah er seine Aufgabe darin, in seinem Bistum ein Klima zu schaffen, das dem Glauben und der Ge-

meinschaft in der Kirche förderlich ist. Seine Zurückhaltung mit einschneidenden Maßnahmen wurde ihm
von mancher Seite als Schwäche ausgelegt; mir scheint
aber, dass seine Amtsführung nicht nur zu dieser Auffassung seines bischöflichen Dienstes, sondern vor allem zu seiner völlig unaufdringlichen persönlichen Art
passte. Es war überraschend, mit welch echtem, unge-
künsteltem Interesse er auf jeden zuging, dem er bei
seinen Besuchen im Theologenkonvikt begegnete – auf
Gaststudenten ebenso wie auf die Obdachlosen, die
sich fast täglich im Eingangsbereich des „Collegium
Leoninum" zum Frühstück einfanden.

Die Wahrheit in Liebe tun

An dritter Stelle will ich von dem Eindruck berichten,
den Franz Kardinal König bei einer Begegnung in der
Schweiz bei mir hinterlassen hat. Freunde hatten mir
angekündigt, bei meinem Besuch im Begegnungszen-
trum der „Initiatives of Change" würde ich ihm gewiss
begegnen. Ihm, dem emeritierten Erzbischof von Wien,
dem Konzilsvater und entschiedenen Befürworter eines
kirchlichen Bekenntnisses zur Religionsfreiheit, dem
Wegbereiter des Dialogs mit den Weltreligionen,
brachte ich größten Respekt entgegen. Umso tiefer hat
sich mir eingeprägt, mit welcher Herzlichkeit, ja mit
welchem Charme er dort mit Menschen aller Kulturen
und Religionen umging. Bei den gemeinsamen Mahlzeiten war er mittendrin und schaffte in größeren Dis-
kussionsrunden durch seine Zugewandtheit und Auf-
richtigkeit eine Atmosphäre, in der auch festgefahrene
Positionen ohne Gesichtsverlust in Bewegung geraten
konnten. In persönlichen Gesprächen fühlte er sich
schnell in die Anliegen und Motive seines Gegenübers
ein und konnte vielen Rat und Orientierung vermit-

teln. „Veritatem facientes in caritate" – „die Wahrheit in Liebe tun", so lautete sein Wahlspruch. Wie sehr sich die Wahrheit des biblischen Glaubens im Tun bewähren will, ließ er in seinem ganzen Wesen deutlich werden.

An der Art, wie diese drei Bischöfe ihre ureigenen Gaben in ihren Dienst eingebracht haben, mag uns aufgehen, wie fruchtbar eine Hierarchie wirken kann, die sich wahrhaft als „Herrschaft des Heiligen", des gütigen und barmherzigen Gottes erweist.

Johannes Bernhard Uphus

Die Feier der Institutio
Dauernde Beauftragung zur Seelsorge

Seit den Sechzigerjahren des letzten Jahrhunderts gibt es im Bistum Basel den kirchlichen Beruf der Pastoralassistentinnen und Pastoralassistenten. Die Menschen in diesem Dienst haben dieselbe theologische Ausbildung wie die Priester und wirken mit einer bischöflichen Missio im pastoralen Dienst. Im Lauf der Zeit meldeten sich immer mehr Frauen und Männer im kirchlichen Dienst, die sich nicht einfach für eine befristete Zeit engagieren, sondern sich zu einem lebenslangen Dienst verpflichten und an das Bistum binden wollten. Diesem Wunsch entsprach Bischof Anton Hänggi mit einer dauernden Beauftragung, die – im Sinn von Codex Iuris Canonici Can. 147 – als Institutio als Pastoralassistentin beziehungsweise -assistent bezeichnet wurde. Sie ist die Indienstnahme für eine zeitlich unbegrenzte Tätigkeit als Seelsorgerin oder Seelsorger des Bistums, mit der eine besondere Beziehung zwischen den Seelsorgenden und dem Bischof und dadurch mit dem Bistum grundgelegt wird. Die Seelsorgenden erklären sich in verbindlicher Weise bereit, ihre pastoralen Aufgaben vom Bischof zu übernehmen und ihm gegenüber bei der Erfüllung der seelsorgerlichen Tätigkeit verantwortlich zu sein. Der Bischof nimmt im Namen der Kirche diese Bereitschaft an und gibt die verbindliche Zusage, dass er sich um eine seelsorgerliche Anstellung bemüht, die sowohl den pastoralen Bedürfnissen des Bistums als auch den Fähigkeiten und Erfahrungen der Seelsorgenden entspricht.

Lebenslange Verbindlichkeit

Angesichts der lebenslangen Verbindlichkeit war es sinnvoll, dass seit dem Jahr 1977 die Institutio nicht nur als ein rechtlicher Akt betrachtet, sondern auch in einer liturgischen Feier erteilt wird. Sehr oft geschah dies zusammen mit der Priesterweihe in derselben Feier. Diese Verbindung hatte zwar den Vorteil, dass die Vielfalt der kirchlichen Dienste auch in einer liturgischen Feier zum Ausdruck kommen konnte. Dabei jedoch stellte sich stets deutlicher die Gefahr ein, dass die Institutio immer mehr der Priesterweihe angenähert wurde, sodass sie gleichsam als „Quasi-Priesterweihe" erschien. Dies zeigte sich vor allem bei der Gestaltung der ausdeutenden Riten, die immer näher an die der Priesterweihe heranrückten. Dies brachte nicht nur eine gefährliche Verwechslung mit der Weihe mit sich, sondern wiederholte auch jene Gefahr, die bereits in der Geschichte der Priesterweihe beobachtet werden kann, dass nämlich von der Symbolik her die ausdeutenden Riten die Institutio selbst an Gewicht und Bedeutung zu übersteigen drohten.

Eine eigene liturgische Feier

Diese negativen Entwicklungen veranlassten mich nach
einem Jahr meines bischöflichen Dienstes, Priesterweihe und Institutio voneinander zu trennen und in eigenen liturgischen Feiern zu vollziehen. Deshalb galt
es, eine eigene Liturgie für die Institutio zu erarbeiten,
was ich zusammen mit Pfarrer Jean-Marie Nusbaume
in die Hand nahm. Mit dieser Liturgie sollte das eigentliche Wesen der Institutio besser zum Ausdruck
gebracht werden: dass die zeitlich unbegrenzte Tätigkeit der Seelsorgenden ihre sakramentale Grundlage in
Taufe und Firmung und – bei verheirateten Seelsorgenden – in der Ehe hat und dass auf dieser sakramentalen
Grundlage die besondere jurisdiktionelle Beauftragung
durch den Bischof erfolgt. Diese Grundüberzeugung
sollte sichtbar sein, auch im Aufbau der Liturgie:

Sie beginnt nach dem liturgischen Gruß mit der Vorstellung der Kandidatinnen und Kandidaten für die
Institutio durch den Regens und deren Bereitschafts-
erklärung. Ihr schließt sich die Erneuerung des Tauf-
versprechens, das Glaubensbekenntnis, die Segnung
des Wassers und die Besprengung der liturgischen Versammlung an. Abgeschlossen wird dieser Eröffnungs-
teil der liturgischen Feier mit dem Tagesgebet.

Nach dem Wortgottesdienst, in dem das Geheimnis
von Berufung und Sendung in der Kirche gedeutet
werden soll, folgt der eigentliche Ritus der Institutio,
der mit der öffentlichen Erklärung der Kandidatinnen
und Kandidaten beginnt, dass sie aus freiem Willen bereit sind, am Aufbau der Kirche im Bistum Basel auf
Dauer mitzuwirken. Sie erklären zudem ihre Bereitschaft zur Mitarbeit in Verkündigung, Liturgie und
Diakonie sowie zum persönlichen Gebet und zur per-
manenten spirituellen Vertiefung ihrer Berufung. Da

der kirchliche Dienst von Verheirateten auch das Zeugnis durch die eheliche Partnerschaft einschließt, werden auch die Ehegattinnen und Ehegatten nach ihrer Bereitschaft zum Mittragen befragt. Anschließend legen die Kandidatinnen und Kandidaten einzeln ihre Hände in die geöffneten Hände des Bischofs und versprechen ihm und seinen Nachfolgern Respekt und Gehorsam. Darauf antwortet der Bischof mit seinem Versprechen, den Instituierten eine pastorale Aufgabe anzuvertrauen. Abgeschlossen wird der Ritus mit dem Friedensgruß, der nochmals bewusst macht, dass es immer Christus ist, der Menschen zum kirchlichen Dienst beruft, befähigt und sendet.

Taufe und Firmung als sakramentale Basis der Institutio

Nach der Eucharistiefeier im engeren Sinn wird vor dem Segen das Institutio-Dokument persönlich überreicht, mit dem die Ermächtigung ausgesprochen ist, „alle seelsorgerlichen Dienste innerhalb der Diözese Basel auszuüben, die nicht die Weihe zur Voraussetzung haben". Ohne Zweifel bietet die Institutio eine gute Möglichkeit, die Bereitschaft von Frauen und Männern zu einem Dienst in der Kirche und damit ihren besonderen Beitrag dankbar anzunehmen und liturgisch zu feiern. Von daher könnte man die Feier der Institutio als ein „Sakramentale" bezeichnen. Bei der heutigen Verworrenheit hinsichtlich dessen, was ein Sakrament ist, dürfte freilich die Unterscheidung zwischen dem Sakrament der Priesterweihe und dem Sakramentale der Institutio weniger zur Klärung als vielmehr zur weiteren Verwirrung beitragen. Es erscheint deshalb als sinnvoller, die sakramentale Basis neuer kirchlicher Dienste in Taufe und Firmung zu betonen und sie als Grundlage zu betrachten, auf der besondere Beauftragungen durch den Bischof aufruhen.

Bischof Kurt Koch, Basel

Die Kirche als Herrin über die sakramentalen Zeichen
Zur Handauflegung im Weiheritus

Im Jahr 1947 vollzog der damalige Papst Pius XII. mit seiner „Apostolischen Konstitution" SACRAMENTUM ORDINIS eine in mehrfacher Hinsicht bedeutsame Festlegung: Er entschied, dass allein die Handauflegung das sakramentale Zeichen der Weihe darstellt. Damit war die über Jahrhunderte in der Theologie ungeklärte Frage, welcher Akt der Ordination das entscheidende sakramentale Zeichen sei, lehramtlich anders entschieden worden, als die Theologenzunft und die Kirche selbst es lange Zeit vertreten hatten.

Ordination in der Antike

Für die spätantike Kirche war noch ganz eindeutig gewesen, dass die Weihe von Bischof, Priester und Diakon durch Handauflegung und begleitendes Gebet geschieht. Entsprechend stand die Handauflegung im Mittelpunkt des antiken Ordinationsritus, zusammen mit dem Ordinationsgebet, das der leitende Bischof im Namen der ganzen versammelten Gemeinde sprach. Die Weihe wurde ganz von dem Amt her verstanden, das der Geweihte in und für die Gemeinde ausübte. Auch bei einem Bischof wurde die Leitung der Gemeinde, die Feier der Liturgie und die Verkündigung als Dienst aufgefasst, der die Kirche lebensfähig erhalten soll. Folglich gab es nur Weihen für konkrete Gemeinden und Diözesen. Entsprechend musste der Kandidat zumindest die Zustimmung des „Volkes" erlangen, wenn nicht sogar von ihm gewählt werden, bevor er geweiht werden durfte. Und noch heute ist die Feststellung der „Würdigkeit" eines Kandidaten durch das Volk ein Teil der Weiheliturgie.

Mittelalterliche Veränderungen im Weiheverständnis

Die mittelalterliche Theologie ging hingegen dazu über, das Weihesakrament nicht von Kirche und Gemeinde, sondern primär von der mit der Weihe übertragenen sakramentalen Vollmacht (lateinisch: „potestas") her zu verstehen. Im Zentrum der Feier der Priesterweihe stand deshalb die Übergabe des mit Wein gefüllten Kelches und der Patene mit Brot für die Feier der Eucharistie, die durch die Formel begleitet wurde: „Empfange die Vollmacht, Gott das Opfer darzubringen und die Messe für die Lebenden und die Verstorbenen zu feiern." Entsprechend empfing der Diakon bei seiner Weihe das Evangeliar mit der Vollmacht, das Evangelium zu verkünden. Dem Subdiakon, der in Mittelalter und Neuzeit zu den höheren Weihestufen gezählt wurde, wurde ein leerer Kelch und eine leere Patene übergeben. Da die Vollmacht des Priesters zur Feier der Eucharistie nicht von einer Vollmacht des Bischofs übertroffen wurde, wurde das Priestertum als die Fülle des Amtes gesehen, während dem Bischofsamt nur noch juristische, keine sakramentale Vollmacht mehr zuzuwachsen schien. Und da die Weihen ganz von der Vollmacht her verstanden wurden, konnten Priester „auf Vorrat" geweiht werden, gleichgültig ob und wo sie eingesetzt wurden.

Neuorientierung unter Pius XII.

Die lehramtliche Entscheidung Pius' XII. zeugt nicht nur von der vorausgehenden liturgiewissenschaftlichen Forschung, die bereits zur Mitte des 20. Jahrhunderts herausgestellt hatte, dass die alte Kirche in Ost und West die Weihe immer durch Handauflegung mit feierlichem gedenkend-bittendem Gebet, nicht aber durch direkte und knappe Zusage einer Vollmacht vollzogen hatte. Die Entscheidung des Papstes macht zugleich in einzigartiger Weise deutlich, dass die Kirche als Ganze eine wirkliche Vollmacht hat, die sakramentalen Zeichen zu ordnen und in der Liturgiegeschichte entstandene Missdeutungen zu beseitigen. Mit der Theologie des Zweiten Vatikanischen Konzils können wir sogar sagen: Weil die Kirche selbst das grundlegende Sakrament in der Welt ist, ist sie Herrin über jedes einzelne Sakrament und kann dieses ordnen und gestalten – gegebenenfalls sogar umgestalten.

Weihen nach dem Zweiten Vatikanum

Entsprechend sind die Weihen nach dem Konzil neu geordnet und ist zum Beispiel eine zweite Salbung der Hände des neugeweihten Priesters nach der Kommunion gestrichen worden. Als Fülle des dreistufigen Amtes wird nun das Bischofsamt verstanden, sodass der Subdiakonat als Weihestufe entfallen konnte. Das Weihegebet selbst, das nun nicht mehr durch andere Ritenelemente von der Handauflegung getrennt wird, ist das ausdeutende Wort zum Zeichen der Handauflegung, die zuvor still vollzogen wird. Dieses Weihegebet gibt nun in für alle verstehbarer Weise die theologische Deutung des jeweiligen Amtes kund. Die Weihegebete sind dafür deutlich überarbeitet worden.

Das Gebet für die Bischofsweihe ist durch das der sogenannten „Traditio Apostolica" ersetzt worden, die man für das älteste römische Liturgieformular hielt.

Natürlich finden sich auch weiterhin die Übergabe von Insignien, die Salbungen und die Bekleidung mit dem jeweiligen liturgischen Gewand. Sie machen zeichenhaft erfahrbar, worin der Dienst des Geweihten besteht. Aber diese ausdeutenden Riten werden nicht mehr durch Formeln begleitet, die die aktuelle Übertragung einer Vollmacht suggerieren, sondern die Vollmacht wird als bei der Handauflegung selbst schon mitgeteilt angesehen.

Ein sehr eindrucksvoller Ritus aber ist geblieben: Der neugeweihte Bischof erhält nicht nur nach der Handauflegung Evangeliar, Ring, Mitra und Stab als Insignien seines Dienstes überreicht, sondern zum Weihegebet selbst wird das geöffnete Evangeliar von zwei Diakonen über dem Haupt des Erwählten gehalten. Die Bitte um Geistsendung wird so dramatisch ausgestaltet und intensiviert. Zugleich macht das Zeichen die Indienstnahme des Erwählten deutlich. Jedes Amt in der Kirche steht nämlich im Dienst an der Auferbauung des „Leibes Christi", und jede Vollmacht (auch die der Leitung) wird nur gegeben, um diesen Dienst ausüben zu können.

Friedrich Lurz

Ehe

KAPITEL 9

Sakrament des Vertrauens

Sakramente sind Lebenszeichen. Sie sind dichte Erfahrungen der befreienden Gottesherrschaft, die uns in Jesus von Nazaret eröffnet ist. Ganz unterschiedliche Zeichen und Vollzüge sind unter dem Oberbegriff des Sakraments versammelt. In einem sinnlich erlebten und sprachlich gedeuteten Stück Welt, in Wasser, Brot, Wein und Öl, aber auch im vertrauenden Ja zweier Menschen zueinander zeigt sich Gottes Liebe und Treue an, wird seine Gnade sichtbar, hörbar, spürbar. Die sieben Sakramente markieren und überformen Knoten- und Wendepunkte menschlichen Lebens. Ihre Vielfalt und Vielgestaltigkeit verweist auf ihren jeweiligen „Sitz im Leben": Lebensbeginn und Lebensende, Übergang von der Kindheit zum Erwachsensein, festliche Mahlgemeinschaft, Schuldverstrickung und Neuorientierung, Krankheit und Genesung, Beginn eines lebensprägenden Dienstes, ganzheitliche Verbindung von Mann und Frau.

Eine Besonderheit des Ehesakraments liegt darin, dass es die Brautleute einander spenden. Sie sind Empfänger und Spender zugleich. Die Ehepartner setzen ein Zeichen ihrer Gemeinschaft nicht nur am Anfang mit dem Jawort bei der Eheschließung, gemeinsam realisieren sie das sakramentale Zeichen, ihre Lebensgemeinschaft, jeden Tag neu. Im Sakrament der Ehe wird zum sakramentalen Zeichen, was zwei Menschen, die einander bejahen, im Tiefsten wollen: dass ihr Leben in der bleibenden Entscheidung füreinander glücke, dass ihre Ehe zu einem fruchtbaren Ort der Menschlichkeit, zu einem Ort neuen Lebens werde.

Als Mann und Frau schuf er sie

Mit dem Faktum, dass das Hohelied in den Kanon der biblischen Schriften aufgenommen wurde, seien wir noch immer nicht fertig geworden, urteilt Josef Ratzinger, „es umschließt aber von Anfang an die beiden Seiten des Eros: Eros als die unendliche Sehnsucht des Menschen, der nach Gott ruft; Eros als die Verwiesenheit von Mann und Frau aufeinander". Im Alten Testament, vor allem in den prophetischen Büchern, wird die gegenseitige Anziehung und Annahme von Mann und Frau zum Bild des Bundes Gottes mit den Menschen (Hos 1,3; Jer 2,3; Ez 16,23; Jes 54,62). „Die Ehe ist also gleichsam die Grammatik, mit deren Hilfe Gottes Liebe und Treue zur Sprache kommt", kommentiert Walter Kasper. Angesichts der Tatsache, dass die kirchliche Lehre zu Sexualität und ehelicher Liebe lange Zeit von Misstrauen überschattet war, verdient die biblische Würdigung ehelicher Gemeinschaft besondere Aufmerksamkeit. So nennt es die Bibel „sehr gut", dass der Mensch als Mann und Frau erschaffen ist (Gen 1,26–31). Gottebenbildlichkeit wird Mann und Frau gemeinsam zugesprochen (Gen 1,27). Mann und Frau sind füreinander geschaffen. Ein einziges Geschöpf ist „Bein von meinem Bein und Fleisch von meinem Fleisch" (Gen 2,23), nur ein einziges Geschöpf ist dem Menschen „eine Hilfe, ihm gegenüber" (Gen 2,20). Menschsein erfüllt sich biblisch als vertrauensvolles Gegenübersein und Miteinandersein.

Zeichen des Bundes zwischen Gott und Mensch

In der Angewiesenheit des einen auf den anderen Menschen, in der erotischen Sehnsucht des Ich nach dem Du spiegelt sich die grundlegende Verwiesenheit des

Menschen auf das große Du Gottes. Gewiss, die Lebensbindung zweier Menschen wird von Misstrauen und Enttäuschungen verdunkelt, sie ist von der Rissigkeit und Brüchigkeit menschlicher Existenz nicht ausgenommen. Dennoch ist der Ehebund Zeichen für den Bund Gottes mit den Menschen. Die sakramentale Grundstruktur der Ehe gründet in Gottes unendlichem Vertrauen, in seinem unverbrüchlichen Ja zum Menschen, das sich in der vertrauensvollen Lebensgemeinschaft von Mann und Frau andeutet und realisiert. Sakramentalität der Ehe ist geschenkte und erhoffte Wirklichkeit: Mitten im Menschenleben wird Gottes lebendige, wirksame, heilsame Gegenwart spürbar.

Im Licht der anbrechenden Gottesherrschaft

Jesu ganzes Leben sagt: Die Herrschaft Gottes steht uns offen. Wir sind eingeladen, sie zu spüren – sie zu schmecken, sie zu hören, sie zu sehen, sie zu leben. Im Markusevangelium weist Jesus durch den Hinweis auf die ursprüngliche Schöpfungsordnung die ganz legale Praxis der Entlassung einer Frau aus der Ehe zurück (Mk 10,2–9). In einem prophetisch-messianischen Spruch macht er deutlich, dass sich in der anbrechenden Gottesherrschaft auch die Ehe zu verwandeln und zu erneuern und zu einem sprechenden Zeichen von Gottes Vertrauen in den Menschen zu werden vermag.

Auch heute leben viele Menschen in der Spannung zwischen der Sehnsucht nach vertrauensvoller Lebensgemeinschaft und der Erfahrung des Scheiterns. Wie lässt sich die Verheißung, die in der Unauflöslichkeit der Ehe liegt, auch in unserer Zeit spürbar, erfahrbar machen? Wird es uns gelingen, die Einladung Jesu, seine heilende Verheißung ins rechte Licht zu rücken?

Susanne Sandherr

Gemeinsam unterwegs

Wo fühlen Sie sich am meisten zu Hause? In Ihren vier Wänden, in einer Kirche, unter freiem Himmel?

Als ich vor mehr als zehn Jahren begann, mich intensiver mit jüdischem Denken zu befassen, stieß ich in Martin Bubers DIALOGISCHEM PRINZIP auf eine Stelle, die mich seither begleitet. Dort ist davon die Rede, dass Gefühle die Liebe zwar begleiten, aber nicht ausmachen und dabei sehr verschiedener Art sein können. „Das Gefühl Jesu zum Besessenen ist ein andres als das Gefühl zum Lieblingsjünger; aber die Liebe ist eine. Gefühle werden ‚gehabt‘; die Liebe geschieht. Gefühle wohnen im Menschen; aber der Mensch wohnt in seiner Liebe" (DAS DIALOGISCHE PRINZIP, 9. Aufl., Gütersloh 2002, 18. © Lambert Schneider/Gütersloher Verlagshaus GmbH). Ist das nicht ein schönes Bild, „in seiner Liebe wohnen"? Geht das nicht zu Herzen? – Nein, schreibt Buber gleich anschließend, das ist kein Bild, sondern die Wirklichkeit. Die Liebe geschieht zwischen Ich und Du; sie öffnet einen Raum zwischen Menschen, in dem sie sich zu Hause fühlen können. „Wer in ihr steht, in ihr schaut, dem lösen sich Menschen aus ihrer Verflochtenheit ins Getriebe" (ebd. 19), der sieht in jedem die Person, den Nächsten, die Schwester oder den Bruder.

Personaler Raum der Liebe Christi

Gewiss ist das eine ideale Vorstellung; wir sind nicht immer für jeden Menschen offen. Und doch: Wenn wir auf Jesus blicken, den der Jude Buber sicher nicht ohne Grund nennt, wird uns einsehbar, was Buber meint. Durch seine Art zu lieben schuf Jesus einen Raum um sich, der die Menschen anzog und beglückte, in dem sie

186

sich geborgen wussten. Können wir in der Gemeinschaft der Glaubenden, der Kirche diesen personalen Raum sehen, der auch heute von Jesu Liebe erbaut und getragen wird? Von jener Liebe, die ganz die schöpferische, vergebende, mitleidende und heilende Liebe Gottes ist?

Von Gottes Treue getragen

Sofern wir dies bejahen, kann uns die eheliche Gemeinschaft von Mann und Frau in neuem Licht erscheinen. Wenn zwei Glaubende einander bei der kirchlichen Trauung ihr feierliches Ja zusagen, so ist es dem ersten Eindruck nach nicht wesentlich unterschieden von dem Ja, das zwei Menschen vor einer weltlichen Instanz sprechen. Auch solche, die nicht der Kirche angehören, werden in ihr Ja allen Ernst und alle Entschiedenheit für den gemeinsamen Lebensweg legen, wenn sie einander in ihrer ganzen personalen Wirklichkeit begegnet sind und aufgrund dieser Begegnung füreinander Verantwortung übernehmen. Die Christin und der Christ treten bei der Hochzeit aber nicht bloß in die Kirche ein, um einander in einer feierlicheren Umgebung Treue zu geloben. Auch wenn dies wohl vielfach so ist: Sie könnten in ihrem „kirchlichen" Ja jedenfalls die Überzeugung zum Ausdruck bringen, dass sie dieses Ja zu ihrem Partner, ihrer Partnerin in dieser Entschiedenheit gar nicht zu sagen vermöchten, wenn sie nicht selbst immer schon bedingungslos bejaht und von Gottes Treue getragen wären, die durch keine Menschenschuld gelöst werden kann. Es hat einen tiefen Sinn, wenn die Bibel den Bund zwischen Mann und Frau zu dem Bund Gottes mit seinem Volk in Beziehung setzt (siehe S. 184). Die Eheleute dürfen in ihrem gemeinsamen Leben bezeugen, dass der biblische Gott sich an seine Erwählten bindet. Da-

rum dürfen sie darauf bauen, dass dieser Gott ihr Bemühen um dieses Zeugnis in jeder Phase ihres Lebens
begleitet und trägt, und sei diese Phase noch so dunkel
und nach menschlichem Ermessen aussichtslos. Denn
der Gott des Bundes wendet sich nach dem Zeugnis
Jesu gerade den Verlassenen und in Schuld Verstrickten
zu; er beschenkt die Hungernden mit seinen Gaben,
wie das „Magnificat" sagt.

Gottes Liebe und die Lieblosigkeiten des Alltags

Die Herrschaft dieses Gottes angesichts der Lieblosig-
keiten des Alltags, ja sogar angesichts schmerzlichen
Versagens zu bezeugen, müsste das nicht bedeuten,
sich immer wieder auf die Macht von Umkehr und
Vergebung zu besinnen? Sich immer neu zu ihm als
der gemeinsamen Mitte hinzuwenden in der Bereitschaft, einander zu vergeben und *von ihm her* die
Befreiung zu neuer Gemeinsamkeit zu empfangen?
Nur wenn wir die Schwere menschlichen Zusammen-
lebens nicht durch romantische Vorstellungen von
dauerndem Hochgefühl oder ungetrübtem Einverneh-
men verharmlosen, uns vielmehr für den anderen, die
andere – dieses *Anderssein* muss betont werden – trotz
aller schmerzlichen Niederlagen und Enttäuschungen
offenhalten, werden wir bereit sein, das ganz Andere,
Neue, Unfassbare zu empfangen, das Gott für seine
Getreuen bereithält, werden wir vielleicht das Wasser
des Alltags trinken und merken, dass es zu kostbarem
Wein geworden ist (vgl. Joh 2,1 – 10).

Familie als Hauskirche

Wir sollten, meine ich, unseren Lebens-Raum aus der
geduldigen (und duldenden) Liebe Gottes erwachsen

lassen. Unsere Familien könnten dann zu einer „ecclesia domestica", einer Art „Hauskirche" werden, wie das Konzil in Artikel 11 seiner Kirchenkonstitution LUMEN GENTIUM schreibt, zu einer Gemeinschaft, in der der schöpferische Geist des barmherzigen Gottes weht und aus der er hinausdrängt in unsere kleine Welt, er, der durch die Gemeinschaft der Glaubenden zu allen Menschen kommen will.

Johannes Bernhard Uphus

„Darum verlässt der Mann Vater und Mutter ..."
Hochzeit im Judentum

„Wer keine Frau hat, lebt ohne Freude, ohne Glück, ohne Seligkeit", weiß der Talmud. Die rabbinische Literatur bringt der Ehe hohe Wertschätzung entgegen. Asketische und zölibatäre Tendenzen sind im Judentum die Ausnahme. Die Ehe wird als ganzheitliche, fruchtbare Gemeinschaft von Mann und Frau bejaht. Die religiöse Bedeutung der ehelichen Verbindung und der Familiengründung leitet man aus Genesis 1,28 her: „Gott segnete sie, und Gott sprach zu ihnen: Seid fruchtbar und vermehrt euch, bevölkert die Erde." Ebenso wird auf Genesis 2,18 verwiesen: „Dann sprach Gott, der Herr: Es ist nicht gut, dass der Mensch allein bleibt. Ich will ihm eine Hilfe machen, die ihm entspricht." Auch Genesis 2,24 wird herangezogen: „Darum verlässt der Mann Vater und Mutter und bindet sich an seine Frau, und sie werden ein Fleisch." In Israel ist die Ehe darum bis heute eine religiöse und keine zivilrechtliche Einrichtung; allerdings wird die zivilrechtliche Eheschließung im Ausland anerkannt.

189

Drei Stationen der Eheschließung

Die Eheschließung hat im Judentum die Form eines Vertrags und ist traditionell durch drei Aspekte gekennzeichnet: durch die Vorbesprechungen („schidduchin"), das Verlöbnis („erussin") und die Heirat („nissuin"). Bei den Vorbesprechungen wird die Mitgift vereinbart, der Hochzeitstermin festgelegt und der Erwerbsakt („kinjan") als rechtsgültige Vereinbarung („tenaim") vollzogen. In nachtalmudischer Zeit rückten Verlöbnis und Heirat zusammen.

Unter dem Baldachin

Ursprünglich sollte zwischen Verlöbnis und Heirat ein ganzes Jahr liegen. Die Hochzeitszeremonie besteht jedoch seit Beginn des 13. Jahrhunderts aus zwei Teilen, der Verlobung und der Heirat. Die Vereinigung der beiden Elemente zu einer Zeremonie hängt möglicherweise mit den unsicheren und gefährlichen Lebensbedingungen von Jüdinnen und Juden zusammen. Das Hochzeitsfest ist ein Freudenfest. Die Zeremonie ist nicht an einen bestimmten Ort gebunden. In einigen Gemeinden findet sie in der Synagoge, in anderen in einem Festsaal, in wieder anderen unter freiem Himmel, besonders nach Einbruch der Dämmerung statt. Hier ist Gottes Verheißung an Abraham, seine Nachkommen so zahlreich „wie die Sterne am Himmel" zu machen (Gen 22,17), präsent.

Die Verlobung erfolgt durch die Antrauung beziehungsweise Heiligung („qidduschin") vor zwei Zeugen. Der Bräutigam steckt der Braut einen Ring an den Zeigefinger der rechten Hand (nach der Zeremonie steckt sie ihn dann meist auf den Ringfinger der linken Hand) und sagt: „Mit diesem Ring seist Du mir angelobt („geheiligt‘), entsprechend dem Gesetz von Moses und Israel."

Die Hochzeitszeremonie wird unter der „chuppa", einem speziellen Baldachin für die Hochzeit, in Ausrichtung auf Israel, in Israel in Ausrichtung auf Jerusalem, in Jerusalem in Ausrichtung auf den einstigen Tempel vollzogen. Braut und Bräutigam stehen unter dem Baldachin, während sieben Segenssprüche („schewa berachot") in Anwesenheit von zehn erwachsenen jüdischen Männern („minjan") gesprochen werden. Der amtierende Rabbiner spricht die Segenssprüche über einen Becher Wein, von dem Braut und Bräutigam trinken. Während der Zeremonie, zwischen Verlobung und Verheiratung, wird der schon zuvor geschriebene Ehevertrag („ketubba") verlesen. Der Ehevertrag ist auf Aramäisch, nicht auf Hebräisch abgefasst und enthält die Pflichten des Ehemannes gegenüber seiner Ehefrau und Regelungen für den Fall seines Ablebens oder einer Scheidung. Die Pflichten der Frau werden nicht erwähnt; der Ehevertrag soll die Rechte der Frau sichern. Zeugen müssen den Ehevertrag unterschreiben.

Hochzeitsbräuche und Hochzeitsfreude

Die Hochzeitszeremonie ist um zahlreiche Bräuche erweitert worden wie die siebenmalige Umwanderung des Bräutigams durch die Braut, die an das Ziehen eines Bannkreises zur Abwehr böser Geister denken lässt, oder das Zertreten des Glases, das auch in der Hoch-Zeit der Lebensfreude an die Zerstörung des Jerusalemer Tempels erinnern soll. Der Zeremonie folgt ein Alleinsein („jichud") des Ehepaares, bei dem Braut und Bräutigam das für sie verbindliche Fasten am Hochzeitstag brechen dürfen. Mit diesem Allein-

191

sein ist die Zeremonie der Eheschließung beendet. Anschließend folgt ein fröhliches religiöses Festmahl, bei dem die sieben Segenssprüche wiederholt werden. Das Judentum betont, wie wichtig es ist, sich mit Braut und Bräutigam an ihrem Hochzeitstag zu freuen: Diese Freude ist eine Pflicht!

„Kein Mann ohne Frau, keine Frau ohne Mann, noch beide ohne Gott" – besser als dieser Midrasch kann man das jüdische Eheverständnis nicht treffen.

Susanne Sandherr

Rechtsakt und Segensfeier
Zwei Seiten der Trauung

Geheiratet wird nicht erst, seitdem es Christen gibt, und nicht allein unter Christen. Hochzeiten und lebenslange Partnerschaften gibt es in allen Kulturen und Religionen. Wenn Christinnen und Christen miteinander die Ehe eingehen, so erhält diese nach dem Glauben der Kirche einen besonderen Charakter. Die katholische Kirche reiht die Eheschließung unter die Sakramente ein, die evangelischen Kirchen verstehen die kirchliche Trauung als ausdrückliche Segnung des (in der Regel bereits auf dem Standesamt) geschlossenen Ehebundes.

Anknüpfungen an antike Eheriten

Es darf nicht verwundern, dass der Ritus der Eheschließung an nichtchristliche Formen der jeweiligen Kultur und Umwelt anknüpft, dass sich Eheriten weiterentwickeln und in unterschiedlicher Form nebeneinander bestehen.

Wie in den antiken Kulturen üblich, war die Trauung unter Christen zunächst eine familiäre Feier, bei der überhaupt kein Geistlicher vertreten war, sondern der Vater als Oberhaupt der Familie die Zeremonie leitete. Nach römischer Vorstellung war es der Konsens der Brautleute, der die Ehe begründete, nicht ein Eheschließungsakt vor einer offiziellen Instanz. Zugleich wurde dieser Konsens als Vertrag zwischen den beiden Ehepartnern verstanden. In der Geschichte der Eheschließung steht dieser Vertragscharakter immer in einer gewissen Konkurrenz zum Segenscharakter christlicher Trauung und dominiert über lange Zeit das Geschehen im Westen.

Ungefähr seit dem 4. Jahrhundert ist ein Beisein des Gemeindepriesters bei der familiären Hochzeit überliefert; erst mit der Zeit jedoch wachsen ihm Aufgaben in diesem Ritual zu. Schon die alten liturgischen Bücher Roms kennen eine eigene Messe aus Anlass der Trauung (nicht als deren Vollzug), in die ein großes Segensgebet eingeschoben wird, das sich allerdings allein auf die Braut bezieht. Im gallischen Raum kommt noch die Segnung des Brautgemachs hinzu.

Ausbildung eines kirchlichen Rituals

Ab dem 12. Jahrhundert wird die Eheschließungszeremonie aus dem Haus vor die Kirche verlagert: In der sogenannten „Brauttorvermählung" wird der Konsens vor der Tür der Kirche erfragt und werden die Brautleute zusammengegeben. Der Ring, in der Antike noch Pfand des Bräutigams zur Verlobung, wird hier der Braut bei der Trauung vom Bräutigam angesteckt, bevor ab dem 13. Jahrhundert beide Brautleute einander Ringe anstecken, um so die gegenseitige Treueverpflichtung deutlich zu machen. Erst nach dieser Vermählung gehen die Brautleute in die Kirche, um an der Brautmesse teilzunehmen, die mit dem Brautsegen abgeschlossen wird. Impuls für diese Verlagerung vom Haus zur Kirche ist der Versuch, Öffentlichkeit herzustellen, um so heimliche Eheschließungen allein zwischen den Brautleuten zu verhindern, durch die – nicht zuletzt wirtschaftlich relevante – Fakten geschaffen werden, auf die Familie und Gesellschaft keinen Einfluss mehr haben. Der gleiche Impuls lässt dann das Trienter Konzil im 16. Jahrhundert die Einhaltung einer „kanonischen Form" verlangen: Die Eheschließung, das heißt die Erklärung des Ehekonsenses, muss von nun an vor einem Priester erfolgen, damit die Ehe gültig ist. Dadurch wird allerdings der Vertragscharakter der Eheschließung noch stärker betont, während der Charakter der Segnung fast gänzlich verdrängt wird. Mit der Bekräftigungsformel zur Handreichung „Ich verbinde euch zur Ehe", „Ego coniungo vos in matrimonio", scheint nun der Priester der eigentlich Handelnde der Trauung zu sein, nicht mehr das Brautpaar.

Im Osten hat sich die Kirche früher als im Westen bei der Eheschließung engagiert. Bis heute steht die Krönung der Brautleute durch den Priester im Mittelpunkt der in den einzelnen östlichen Riten unterschiedlich gestalteten Feier, die nicht selten Verlöbnis und Eheschließung miteinander verbindet. Als die Ehe begründend gilt nicht so sehr die Konsenserklärung, sondern die priesterliche Segnung zusammen mit der Krönung, die vielfach der Feier sogar ihren Namen gibt.

Die Feier der Trauung heute

Nach dem heutigen RITUALE der katholischen Kirche findet die Trauung in der Regel innerhalb einer Messe nach der Homilie statt. In der deutschen Ausgabe DIE FEIER DER TRAUUNG (1992 in einer gegenüber der ersten Ausgabe von 1975 überarbeiteten Form erschienen) hat sich regionales Eigengut gegenüber dem lateinischen Modellbuch erhalten. Nach der ersten Befragung der Brautleute segnet der Zelebrant (Priester oder Diakon) die Ringe. Danach geschieht die eigentliche Vermählung durch die Erklärung des Ehekonsenses, der weiterhin vom Zelebranten erfragt, der aber auch in Form eines Vermählungsspruchs durch die Brautleute selbst erklärt werden kann. Währenddessen steckt jeweils der eine Partner dem anderen den Ehering als Zeichen der Treue an. Dadurch erhält das wechselseitige Anstecken des Ringes den Charakter einer sakramentalen Gebärde. Die anschließende Handreichung mit Bestätigung der Eheschließung durch den Zelebranten hat nur bekräftigenden Charakter. (Im lateinischen Ritus erfolgt die Handreichung hingegen zur Konsenserklärung, während die Ringe erst danach überreicht werden.)

Ist durch die Ringübergabe bereits der dominante rechtliche Charakter der Konsenserklärung gemildert, so kommt nun zugleich der Segenscharakter der Trauung besser zum Tragen. Es folgt nämlich der „feierliche Trauungssegen", der zwar aus dem früheren Brautsegen entwickelt, aber neu formuliert ist. Er steht nicht mehr am Ende der Messe, sondern die Messe wird danach mit dem eucharistischen Teil fortgesetzt. Zudem bezieht er sich auf beide Brautleute und artikuliert in feierlicher Sprache eine kurze Theologie christlicher Ehe. Auch wenn die Konsenserklärung weiterhin den zur Gültigkeit notwendigen Akt darstellt, hat das Trauungsritual nun endlich ein wirkliches Hoch- und Segensgebet erhalten.

Friedrich Lurz

Segen und Segnungen

KAPITEL 10

Die Welt in Gottes Licht
Über Segen und Segnen

Was bedeutet es eigentlich, jemanden zu segnen? Möglicherweise ist eine Grundbedeutung des biblisch-hebräischen Wortes „barach" das deutsche Wort „beachten" oder „sich zuwenden". Diese Zuwendung ist ein Gottesgeschenk. Segnen ist eine Form des Sprechens, die dem Grüßen und dem Loben verwandt ist. Segnen ist ein Sprechakt, ein Tun durch Worte. Diesen Sprechakt vollziehen nach dem Zeugnis der Bibel Menschen und Gott. Zum Segenswort gesellen sich Blick und Geste. Wort, Blick und Geste verkörpern eine Aufmerksamkeit, die auf die Gesegneten lebensfreundlich und lebensförderlich einwirkt. Die Aufmerksamkeit eines segnenden Menschen verkörpert Gottes Aufmerksamkeit. In menschlichem Segnen wirkt Gottes Macht. In den Gesegneten wirkt sich Gottes Macht aus. Segen beachtet, achtet, bejaht, anerkennt, ermutigt, bestärkt, bereichert, belebt und ermächtigt Menschen, macht sie selbst zu Trägerinnen und Trägern göttlichen Segens für andere.

Liturgischer Zuspruch göttlicher Lebenskraft

Liturgisch bedeutet Segen das zumeist durch Gesten wie Handauflegung oder Bezeichnung mit dem Kreuz verleiblichte, wirkmächtige Zusprechen göttlicher Lebenskraft. Segen ist Inbegriff der Vorsorge und Fürsorge des Schöpfers für seine Geschöpfe. Als Signale der in Jesus angebrochenen Gottesherrschaft gründen Segen und Segnungen im universalen Heilswillen des Gottes Israels. Segen ist verortet in der eucharistischen Vergegenwärtigung von Leben, Tod und Auferstehung Jesu. In der Eucharistiefeier werden darum die Weihen

199

erteil, die heiligen Öle geweiht, der Brautsegen gegeben. Die österliche Speisenweihe über Brot, Fleisch und Eier trägt den Segen der Ostereucharistie in die Familien und Häuser. Den Abschluss der Eucharistie bildet der Schlusssegen in der Form eines Gebets, das der Vorsteher mit ausgebreiteten Händen über das Volk spricht.

Sachen segnen?

Das Christentum kennt eine Fülle von Segenshandlungen, die sich in zwei Gruppen einteilen lassen: in Personensegnungen (Personalbenediktionen) und Sachsegnungen (Realbenediktionen). Es wurde vorgeschlagen, als Urbild aller Personensegnungen die Taufe zu betrachten und als Modell aller Sachsegnungen die Eucharistie (Reinhard Meßner). Die Taufe wäre die erste und fundamentale Segnung eines Menschen. Sie erwirkt nicht nur unser Christwerden, sondern im Tiefsten auch unsere Menschwerdung, indem sie uns Christus gleichgestaltet. Alle weiteren Segnungen könnten als Ausfaltungen, als Konkretisierungen und Aktualisierungen der Taufe begriffen werden. Die eucharistische Konsekration wäre das unvergleichliche Modell aller Realbenediktionen und das eucharistische Hochgebet das Vorbild aller Segensgebete über Dinge dieser Welt. Im Segnen der Dinge loben wir den Schöpfer und Erlöser: Er wird die ganze Welt ihrer Bestimmung zuführen, gute Schöpfung zu sein. Zum Lobpreis gesellt sich die Herabrufung des Heiligen Geistes, der auch die Dingwelt für seine Energien öffnet und zu einem Ort seines Wirkens macht. Dass der Sinn der Segenshandlungen darin liegt, eine stets vom Urchaos bedrohte Welt als gute Schöpfung und Ort der Gegenwart des Schöpfers ans Licht zu holen, das können wir von der Segenspraxis des Judentums lernen. Es geht nicht nur um einen Beleuchtungseffekt! Durch die Segenshandlungen offenbart sich die Schöpfung als Neuschöpfung: Die durch den Segen geheiligten Dinge werden wirklich Eigentum des Schöpfers, die der Mensch nicht selbstsüchtig missbrauchen, aber als Gottes gute Gabe gebrauchen darf.

Gott segnen?

Nicht allein im biblischen Hebräisch, sondern auch im Griechischen des Neuen Testaments begegnet die Wendung „Gott segnen". Das wechselseitige Segnen von Gott und Mensch schien späteren Zeiten so bedenklich, dass das hebräische Verb „barach" und das griechische Verb „eulogein" nicht mit segnen, sondern ausschließlich mit loben, preisen, rühmen oder danken wiedergegeben wurde, wenn die Handlung Gott galt. Wenn nicht nur Gott die Menschen segnet, sondern wenn auch der Mensch Gott segnet, wird dann nicht die fundamentale Differenz von Gott und Welt, Schöpfer und Geschöpf verkannt? Doch vielleicht ist es gerade umgekehrt: Erst wenn man unerschrocken die biblisch bezeugte Nähe von göttlichem und menschlichem Segenshandeln in den Blick nimmt, kann der unaufhebbare und unaufgebbare Vorrang göttlichen Segens in den Blick kommen. Nicht um eine magische Beeinflussung Gottes geht es beim menschlichen Gott-Segnen, vielmehr erkennt darin der Mensch Gott dankbar als denjenigen an, dem er allen Segen seiner Seele verdankt. Als Antwort auf den von Gott kommenden Lebenssegen (Gen 1,28) verwirklichen Menschen die eigene gesegnete Geschöpflichkeit und Lebendigkeit (Ps 103,1–5). Im Gott-Segnen geht es um die Gott ins rechte Licht rückende „von Gott selbst erbetene Mitarbeit des Menschen an der Erlösung" (Magdalena L. Frettlöh). Entspricht dieser Gedanke nicht zutiefst christlicher Gotteserfahrung?

Susanne Sandherr

Den Segen weitertragen

„Ein Segen sollst du sein" – aus diesem Wort Jahwes an Abraham kann sich uns die Bibel erschließen. War in Genesis 3–11 die Ausbreitung des Unheils über die ganze Erde – von der Verfehlung der Ureltern bis zur weltweiten Zerstreuung der Menschen infolge des Turmbaus zu Babel – geschildert worden, so beginnt in Genesis 12 die Gegenbewegung: In Abraham setzt Gott den Anfang der Heilsgeschichte. Er verheißt Abraham, ihn zu segnen und ihn zum Segen zu machen.

Segenszusage und die Zumutung der Trennung

Nun schließt sich diese Zusage an den Auftrag an, die Heimat zu verlassen und in ein fremdes Land zu ziehen. Wir heutigen, die die Möglichkeit haben, sich gegen alle denkbaren Unglücksfälle zu versichern, vermögen kaum mehr die Zumutung zu ermessen, die in diesem Auftrag liegt: Für Menschen der Zeit Abrahams konnte die Trennung von ihren Verwandten, das Auf-sich-gestellt-Sein in der Fremde den Untergang bedeuten. Und doch tut Abraham, was Gott ihm gesagt hat, er folgt seinem Ruf und traut seiner Verheißung, obwohl er schon alt ist und nach menschlichem Ermessen nicht mehr viel vom Leben zu erhoffen hat. Für Paulus ist er so zum Vater aller Glaubenden geworden (vgl. Röm 4).

Sich-Verlassen auf Gott hin

Diese tatkräftige Antwort auf Gottes Ruf und Verheißung, das buchstäbliche Sich-Verlassen auf Gott hin, das Abraham vorgelebt hat, ist meines Erachtens der Weg, auf dem Gottes Segen sich ausbreitet. Der Auszug aus der relativen Sicherheit Ägyptens bringt Israel nicht nur die Befreiung, sondern lässt es erst wahrhaft zu einem Volk werden, weil es sich in der Lebensfeindlichkeit der Wüste Gottes treuer Fürsorge anvertraut. Jesus erfährt sich bei der Taufe im Jordan als Sohn des gütigen Vaters und verlässt seine Familie und seine Heimat Nazaret, um die Außenseiter zur Annahme von Gottes Erbarmen zu ermutigen und so das Volk unter Gottes liebender Herrschaft neu zu sammeln. Paulus, den die Offenbarung Jesu aus seinem verengten Gesetzesgehorsam herausgeführt hat (vgl. Gal 1), überschreitet die Grenzen des auserwählten Volkes, um durch das bei den Völkern aufkeimende Heil seine jüdischen Geschwister zur Annahme von Gottes Gnade zu bewegen (vgl. Röm 11).

Vom Kreuz her gesegnet

Als Mitte dieser Ausbreitung von Gottes Heil und Segen, die er selbst in Abraham angestoßen hat, gilt uns Christinnen und Christen die Tat Jesu, der aus der Nähe zum Vater die Kraft empfing, seinem Auftrag bis zum Tod am Kreuz zu folgen. Bis zum Äußersten verließ er sich auf die rettende Macht des Vaters, dessen Barmherzigkeit und Liebe er den Menschen geschenkt hatte. Weil den Jüngerinnen und Jüngern sein neues, unvergängliches Leben beim Vater offenbart wurde, können wir das Zeichen seiner äußerlichen Vernichtung, das Kreuz, als Zeichen unserer Hoffnung auf die unverbrüchliche Treue Gottes bekennen. Wenn wir uns und die Dinge, die uns umgeben, in diesem Zeichen segnen, so bringen wir damit unser Vertrauen auf ihn zum Ausdruck, der uns Leben jenseits der Vergänglichkeit verheißt. Ja, mehr noch: Bei jeder Segenshandlung rufen wir ihn an und bitten, dass er uns und unseren Mitgeschöpfen seine Gnade erweisen und uns aus der Todverfallenheit befreien möge.

Was uns auf dem Hintergrund gewohnter Denkweisen vielleicht am schwersten eingeht, ist, dass diese Befreiung nicht erst für eine ferne Zukunft erhofft, der Erweis der Gnade nicht für den Moment des endzeitlichen Gerichtes erbeten wird. Wenn wir die Geschichte Abrahams und zumal Jesu Verkündigung ernst nehmen, will Gott uns in diesem Leben, hier und jetzt nahekommen und uns Mut zusprechen, damit wir unsere Grenzen überwinden und über uns hinauswachsen. Sind wir in der Lage, in den Ereignissen unseres Alltags seine Stimme zu vernehmen, uns von unseren Mitmenschen in die Ver-Antwortung rufen zu lassen?

Segen ist ein dialogisches Geschehen. Mit Abraham sind wir gerufen, ein Segen zu sein: Geben wir also Antwort, gehen wir aus uns heraus.

Johannes Bernhard Uphus

„Der Herr segne und behüte dich"
Mitgesegnet mit Israel

Den sogenannten „Aaronitischen Segen" lernt Mose nach dem biblischen Zeugnis von Gott selbst. Dass es sich dabei um eine der heute im Christentum bekanntesten Stellen des Alten Testaments handelt, rührt von seiner Verwendung als Schlusssegen der Messe her. Im GOTTESLOB (GOTTESLOB 13,2) findet sich die biblische

Segensformel, gegenüber dem Bibeltext mit veränderter Anrede, nach dem trinitarischen Segensgebet. Im Evangelischen Gesangbuch wird der Aaronitische Segen als erste Segensbitte aufgeführt (Evangelisches Gesangbuch 992). Schon 1523 hatte Martin Luther in seiner Formula Missae Numeri 6,24–26 sowie Psalm 67,7f als Alternativen zur trinitarischen Segensformel vorgeschlagen.

Die Vermittlung von Gottes Segen ist im biblisch-jüdischen wie im biblisch-christlichen Verständnis innerhalb wie außerhalb der Liturgie ein Grundvollzug des Gottesverhältnisses. Numeri 6,24–26 ist ein herausragendes Segenswort der Bibel, mit dem auch Christinnen und Christen gesegnet sind: mitgesegnet mit Israel. Es lohnt sich, darüber nachzudenken.

Mitgesegnet mit Israel

Die Verwendung des Aaronitischen Segens im christlichen Gottesdienst hat eine lange Tradition. Sie sollte uns nicht vergessen lassen, dass nach dem biblischen Zeugnis Gott diese Segensverheißung an Israel gerichtet hat. Abraham vernimmt von Gott die anspruchs- und verheißungsvollen Worte: „Ich werde dich zu einem großen Volk machen, dich segnen und deinen Namen groß machen." Bei dieser persönlichen Glücksverheißung belässt es Gott nicht: „Ein Segen sollst du sein." Der Blick öffnet sich auf die Mitmenschen und auf die fremden Völker: „Ich will segnen, die dich segnen; wer dich verwünscht, den will ich verwünschen. Durch dich sollen alle Geschlechter der Erde Segen erlangen" (Gen 12,2f). Und am Ende der Erzählung von der Bindung Isaaks schwört Gott bei sich und macht es dem Abraham kund: „Segnen sollen sich mit deinen Nachkommen alle Völker der Erde, weil du auf meine Stimme gehört hast" (Gen 22,18). Nur wenn die Christenheit in Dankbarkeit anerkennt, dass Abrahams und Saras Kinder von Gott gesegnet sind und bleiben, können sich Christenmenschen als von Gott Gesegnete entdecken und begreifen. Mitgesegnet mit Israel erschließt sich aller Welt der Schöpfungssegen, den Gott im Anfang auf alle lebendigen Wesen legt (Gen 1,22.28).

Der Herr segne und behüte dich

In der deutschen Übersetzung lässt sich die poetisch-theologische Struktur des Aaronitischen Segens nur andeutend abbilden. Die drei Segenssätze bilden in der hebräischen Bibel eine Diagonale. Der erste Satz umfasst drei, der zweite fünf, der dritte sieben Wörter. Inhaltlich münden die sich so auch optisch steigernden Sätze in der Perspektive, dass Gottes Segen (Vers 24) in der Gabe des Schalom (Vers 26) vollendet wird. Das alltägliche Leben in seiner Bedrohtheit und das soziale Leben mit seinen labilen oder pervertierten Ordnungen sind gleichermaßen im Blick. Lässt sich jeweils die erste Hälfte der Zeile als Zusage einer zunehmenden Nähe Jahwes im Leben der Gesegneten verstehen, die vom Segensgruß (Vers 24) über das vom sonnenhaften Angesicht ausgehende Leuchten, das Wohlwollen und bejahende Freude ausdrückt (Vers 25), bis zum erhobenen Antlitz, dem endzeitlichen Augenblick der vollen Gegenwart, Zuwendung und Aufmerksamkeit Jahwes (Vers 26) führt, so spricht die zweite Hälfte jeder Zeile von der Wirkung, die Gottes Nahen zeitigt: von der durch den Segensgruß gewährten Aufmerksamkeit bis zum erfüllten Leben ohne allen Mangel. Diese Mehrung und Ausbreitung des Segens bringen auch das Anwachsen der Wortzahl und die mitwachsenden Atemzüge des oder der Sprechenden zum Ausdruck:

Gottes Segen schenkt uns einen langen Atem für den Weg zum Leben in Schalom.

Göttliches und menschliches Segnen

Die Rahmenverse des Aaronitischen Segens geben Aufschluss darüber, wie sich göttliches und menschliches Segnen zueinander verhalten. Wir erfahren hier, dass Gott Menschen mit der Bezeugung seines Segenswillens und Segenswirkens betraut. „Der Herr sprach zu Mose: Sag zu Aaron und seinen Söhnen: So sollt ihr die Israeliten segnen; sprecht zu ihnen …" (Num 6,22f). Und am Ende verspricht der Herr, das Segenswort, das Menschen unter seinen Namen stellt, zu seiner ureigenen Sache zu machen: „So sollen sie meinen Namen auf die Israeliten legen, und ich werde sie segnen" (Num 6,27).

Menschliches Segnen in und unter Gottes Namen ist von Gott gewollt. Gewiss, die Spannung zwischen dem Wunsch- und Bittcharakter menschlicher Segensworte und Segensgesten und der göttlichen Zusage, sie einzulösen, bleibt erhalten. Niemand kann diese Spannung lösen als Gott selbst. Aber als von Gott Gesegnete sind und bleiben wir Menschen zum Segnen gerufen. Jeder Mensch ist berufen, dem segnenden Handeln Gottes zu entsprechen: Ein Segen sollst du sein!

Susanne Sandherr

Die Gebetsdimension der Segnungen

Obwohl Segnungen sicher nicht im Zentrum von Theologie und Kirche stehen, wird an ihnen doch viel vom Wesen liturgischen Handelns und dem Verhältnis von Kirche und Welt deutlich.

207

„Gesegnete" Erfahrungen

Beim Stichwort „Segnungen" standen mir lange Zeit drei
Bilder vor Augen, die durch die Erfahrung gefeierter Liturgie in meiner Kindheit und Jugend geprägt waren. Das
erste Bild ist das eines Bischofs, der beim gottesdienstlichen Auszug durch die Reihen der versammelten Gläubigen schritt und die Menge mit der Hand segnete. Dazu
machte er vielfach mit der erhobenen rechten Hand ein
Kreuzzeichen über der Menge. Dass er dazu irgendetwas
sagte, war nicht zu erkennen: Weder bewegten sich die
Lippen, noch ließ die meist laute Orgelmusik irgendetwas anderes hören. Die Gläubigen aber nahmen den Segen des Bischofs auf, indem sie sich selbst bekreuzigten.

Das zweite Bild, das mir vor Augen steht, ist ein
Priester im Chormantel, der mit einem Aspergill, das er
regelmäßig in einen mit Wasser gefüllten Eimer tauchte,
die Reihen durchschritt und die Anwesenden segnete.
Die Kindersegnung am 28. Dezember, dem Fest der un-
schuldigen Kinder, war eine solche Segnung. Als Kind
habe ich mich dann gefragt, ob die Segnung eigentlich
wirksam war, wenn ich keinen Wassertropfen abbe-
kommen hatte. Denn dass die Segnung aus mehr als aus
dieser Handlung bestand, konnte ich nicht erkennen.

Erst später habe ich erleben dürfen, dass Segnungen
von Menschen und Dingen ein viel umfassenderes Geschehen darstellen, das neben der Zeichen- und Hand-
lungsebene eine sprachliche Ebene besitzt. In diesem
Sprechen kommt das Eigentliche zum Ausdruck, denn
Segnungen sind nicht ein magisches Umwandeln von
Dingen und Menschen, sondern sind immer ein Gebetsgeschehen.

Genau dieses Gebetsgeschehen war auch im dritten
Bild, an das ich mich erinnere, nicht wirklich erkennbar. Beim Kauf eines religiösen Gegenstandes (z. B. ei-

nes Kreuzes) in einem Klosterladen stand sofort ein Pater bereit, der eine lateinische Formel über den Gegenstand murmelte und mit der Hand ein Kreuz schlug. Gemäß dem alten RITUALE ROMANUM, in dem die Segnungen verzeichnet waren, bestand diese Formel fast ausschließlich aus einer Bitte.

Segnungen nach dem heutigen Benediktionale

Das nach dem Zweiten Vatikanum neu gestaltete BENE-DIKTIONALE geht einen anderen Weg. Dabei war die Studienausgabe des deutschsprachigen BENEDIKTIONALE von 1976 wegweisend für die relativ späte Erstellung des lateinischen Modellbuches in Rom. Grundlegend ist nun, dass Segnungen nicht in einer dunklen Ecke vom Priester alleine vollzogen, sondern möglichst in einer kleinen Gemeinde gefeiert werden sollen. Wie in allen Gottesdiensten soll auch hier zunächst aus der Heiligen Schrift gelesen werden. Das Segensgebet soll für die (noch so kleine) Gemeinde verständlich gesprochen werden, damit diese ihr „Amen" dazu sagen kann.

Wie jedes gute Gebet beginnen Segensgebete heute mit einem dankenden Lobpreis, dem dann erst die Bitte folgt. Damit wird eine Grunddimension der Segnungen deutlich: Das dahinterstehende lateinische Wort „bene-dicere" bedeutet „Gutes sagen", das heißt lobpreisen. Segnungen sind also zunächst ein Sprach- und Gebets-geschehen, während das Zeichen (in „Segnung" steckt auch „signare", das heißt „bezeichnen") noch hinzu-kommt. In Segnungen führen wir unsere Welt auf Gott und seinen guten Willen zurück. Die Welt wird als Got-tes gute Schöpfung verstanden. Die Bitte bezieht sich darauf, dass gerade diese Schöpfungsdimension zum Heil der Menschen bei einer Person und einem Ding wirksam wird. Bei Sachbenediktionen, etwa Segnungen von Dingen, die Menschen hergestellt haben (zum Beispiel ein Auto), wird nicht alleine ein Ding gesegnet, sondern wird immer auch für die Menschen gebetet, die den Gegenstand nutzen. Damit soll vorgebeugt werden, dass Segnungen als magische Verwandlungen von Dingen missverstanden werden können. Allerdings stehen solche Formulierungen in der Gefahr, moralische Appelle an die Benutzer in die Segensformel einzufügen.

Dinge ihrer guten Bestimmung zuführen

Dennoch wird heute stärker als noch vor einigen Jahrzehnten in der Liturgiewissenschaft betont, dass Segnungen immer auch die Dimension des Aussonderns, des Heiligens haben. Dabei gelangt nicht ein magisches Verständnis über die Hintertür wieder in die Segnungen hinein, denn die Dimension des Aussonderns wird nicht an der Zeichenhandlung, sondern am Sprachgeschehen festgemacht. Es geht nämlich darum, den Ernst der Schöpfungsdimension unserer Welt zu begreifen, die immer auch eine gefährdete Welt ist, die ins „Urchaos" zurückzufallen droht. Segnungen stellen die Dinge der Welt in einen Heilszusammenhang hinein und sondern sie so aus der Masse des sinnlich Wahrnehmbaren aus. Gesegnetes hat Anteil am neuen Äon, an der neuen Welt des Reiches Gottes, in dem die Dinge nicht neu geschaffen, sondern die Dinge der Schöpfung „neu", das heißt ihrer guten Bestimmung zugeführt werden.

Vielleicht sind es die Krisenerfahrungen der letzten Jahrzehnte, die Umweltzerstörungen und die schmerzhafte Erkenntnis, dass der geschichtliche und technische „Fortschritt" keine automatische Heilsdimension beinhaltet, die Motoren einer solchen Auffassung von „Segnung" als Heiligung sind.

Friedrich Lurz

Profess

KAPITEL 11

Leben im Zeichen der anbrechenden Gottesherrschaft

Das christliche Ordenswesen zeigt sich in seiner zeitlichen und räumlichen Erstreckung als ein weit verzweigtes und vielgestaltiges Gebilde. Die einzelnen Orden sind untereinander vielleicht so verschieden wie die menschlichen Individuen. Einige sind stark kontemplativ ausgerichtet, andere haben eine klare sozialcaritative Orientierung. Wieder andere, und dies war in der abendländischen Geschichte besonders wichtig, dienen den Menschen durch kulturelle Diakonie. Ähnlich bemerkenswert ist die Pluralität der von den einzelnen Gemeinschaften gewählten Frömmigkeitsschwerpunkte, und der Rückzug von der Welt kann genauso betont werden wie jenes Wirken für die Welt in der Welt, das im 20. Jahrhundert die Säkularinstitute als „Weltgemeinschaften" kennzeichnet. Die geschichtliche Wandlungsfähigkeit des Mönchsideals – das Leben für Gott im Streben nach der eigenen Vollendung, in der Gemeinschaft von Brüdern und Schwestern, im Dienst für Kirche und Welt – ist ein Zeichen seiner Vitalität. Die schöpferischen Kräfte in der Ordensgeschichte wirkten und wirken dabei nicht in einem geschichtsfreien Vakuum, sondern in enger Verbindung mit ihrer eigenen Zeit. Und doch gibt es bei allem geschichtlichen Wandel, bei allem „stirb und werde", das den Weg der Orden durch die Zeit kennzeichnet, grundlegende gemeinsame Prägungen.

Eine bedeutende Grundlage des Ordensstandes ist das gemeinschaftliche und durch die Gelübde auf Dauer angelegte Leben nach den „evangelischen Räten" der Armut, der Ehelosigkeit und des Gehorsams.

Klösterliche Profess

Zur liturgischen Mönchsweihe gehört die klösterliche Profess, das feierliche, öffentliche und kirchenamtliche Versprechen, in einem Orden oder einer kirchlich anerkannten Kongregation die drei evangelischen Räte zu befolgen. Die Trias der Professformel ist seit dem 9. Jahrhundert ausgebildet. Wie die Segnungen gehört die Mönchsweihe zu den Sakramentalien, also zu jenen Zeichen und Riten der Kirche, die wie die Sakramente Gottes Zuwendung im Leben der Menschen leibhaft-konkret erfahrbar machen, im Unterschied zu ihnen jedoch von der Kirche eingesetzt worden sind.

In einem öffentlichen Bekenntnis nach dem Offertorium der Messe weiht der oder die Professe das eigene Leben dem Dienst an Gott und den Menschen und wird dadurch in eine konkrete Gemeinschaft eingegliedert. Nach der Benediktsregel gelobt der oder die Novize im Oratorium vor Abt oder Äbtissin und Klostergemeinschaft „Beständigkeit, klösterlichen Lebenswandel und Gehorsam". Dazu legt der oder die Novize die selbst geschriebene und verlesene Bittschrift auf den Altar, wirft sich vor der Gemeinschaft zu Boden und nimmt das Ordenskleid bzw. den Schleier entgegen. Kirchenrechtlich wurde seit dem 4. Jahrhundert zwischen ewigen und zeitlich begrenzten Gelübden unterschieden. Einige Orden, unter anderen die Gesellschaft Jesu, fügten der Gelübdetrias noch ein dem Ordenszweck entsprechendes viertes Gelübde hinzu.

Der Profess geht ein Noviziat, eine Zeit zur Erprobung des Ordenslebens, voraus. Über die Zulassung zu Noviziat und Profess entscheiden die Ordensoberen gemäß der jeweiligen Satzung. Die zeitliche Profess wird nach dem vollendeten 18. Lebensjahr auf drei bis sechs Jahre abgelegt, die ewige Profess nach dem vollendeten 21. Lebensjahr auf Lebenszeit. Die ewige Profess setzt eine vorhergehende zeitliche Bindung von wenigstens drei Jahren voraus.

Die evangelischen Räte heute

In seiner Schrift ZEIT DER ORDEN versucht der katholische Theologe Johann Baptist Metz, die evangelischen Räte für unsere Zeit auszulegen.

Armut: Die evangelische Tugend der Armut definiert Metz als „Protest gegen die Diktatur des Habens, des Besitzens und der reinen Selbstbehauptung". Die Tugend der Armut führe in die „Solidarität mit jenen Armen, für die Armut gerade keine Tugend, sondern Lebenssituation und gesellschaftliche Zumutung ist". Der Zusammenhang des Rates zur Armut mit der Botschaft Jesu wird deutlich: Weil Gott uns nahekommen will, können wir auf unsere üblichen Stützen, hier den Götzen Mammon, verzichten. Auf Gottes großmütige Einladung können wir mit Großzügigkeit und Freigiebigkeit antworten.

Ehelosigkeit: Metz versucht auch den Zeichencharakter der Ehelosigkeit wiederzugewinnen. Als evangelische Tugend verstanden, sei sie Ausdruck der unstillbaren Sehnsucht nach dem „Tag des Herrn". Sie dränge zur Solidarität gerade mit jenen Ehelosen, für die Ehelosigkeit – von Metz umfassend verstanden als Einsamkeit, als Isolation, etwa im Alter oder durch Krankheit und soziale Stigmatisierung – gerade keine Tugend ist, sondern ein hartes, schmerzendes Lebensschicksal. Die frei gewählte „Tugend" der Ehelosigkeit, der Einsamkeit, „drängt zu den in Erwartungslosigkeit und Resignation Eingeschlossenen".

Gehorsam: Für Metz ist er die erste, die maßgebliche Nachfolgehaltung. Im Vordergrund stehe dabei nicht die radikale Verfügbarkeit „gegenüber Amtsträgern in der Kirche und innerhalb der Orden"; dieser Gehorsam ist nur abgeleitet. Gehorsam als evangeliumsgemäße Tugend ist vielmehr „die radikale unkalkulierte Auslieferung des Lebens an Gott, den Vater, der erhebt und befreit". Eine solche Lebenshaltung aber dränge konkret in die Nähe derer, „für die Gehorsam gerade keine Tugend, sondern Zeichen der Unterdrückung, der Bevormundung und Entmündigung ist".

Es geht heute darum, den Zeugnischarakter der evangelischen Räte, das entscheidend zeichenhafte Moment der erlösten Hingabe an Gott und die Menschen, neu zum Leuchten zu bringen. Thomas von Aquin hat die religiöse Wirkung der klösterlichen Profess „eine Art zweite Taufe" genannt. Die Taufe als Akt der antwortenden Selbstübergabe an Gott ist ihr Fundament. Wir teilen dieses Fundament ebenso miteinander wie den Auftrag, die evangelischen Räte in der Vielfalt der Lebenswege zu verwirklichen.

Susanne Sandherr

Gott in allem suchen

Vielleicht sind auch Sie schon in eine solche Situation gekommen: Jemand fragt Sie, was in unserer Zeit Menschen bewegen kann, in ein Kloster einzutreten. Oder jemand lehnt das Ordensleben von vornherein ab, weil es ihm weltfremd und lebensfern erscheint. Mir fällt es oft schwer, mit solchen Fragen oder Ansichten umzugehen; meist fehlen gemeinsame Grundlagen, bei denen ein Gespräch anknüpfen könnte. Menschen, deren Leben von Größen wie Arbeit und Konsum bestimmt ist, finden zu solchen Themen eben selten einen Zugang. So sehr unsere Erfahrung für diesen Schluss zu sprechen scheint: Machen wir es uns nicht zu leicht, wenn wir uns damit zufriedengeben?

Der Verdacht der Weltfremdheit

Um nicht einfach zu resignieren, könnten wir überlegen, wie es mit dem Verdacht der Weltfremdheit und Lebensferne steht. Gewiss, auch heute mag es Menschen geben, die die „Welt" ablehnen und sich darum in ein Kloster zurückziehen. Oft ist jedoch das Gegenteil der Fall. Wer aus meinem Freundeskreis in ein Kloster eingetreten ist, hat sich bewusst für diesen Weg entschieden, um auf diese besondere Weise für seine Mitmenschen da zu sein. So muss unsere Frage lauten: Was veranlasst solche Menschen, sich für das Ordensleben zu entscheiden?

Einsamkeit nicht verdrängen

Im Tiefsten, so meine ich, steckt etwas dahinter, das uns alle betrifft: die Einsicht, dass wir Menschen zuallererst Einzelne und das heißt auch Einsame sind. Niemand denkt und fühlt wie ich, niemand sonst hat meine Lebensgeschichte erlebt und niemand kann sie statt meiner leben. Uns allen fällt es schwer, uns dieser Tatsache zu stellen. Vor allem haben wir Angst anzunehmen, dass jeder und jedem von uns ein Augenblick bevorsteht, in dem diese Einsamkeit unausweichlich offenbar werden wird. Darum lenken sich viele von dieser Einsicht ab, sie suchen Zerstreuung in materiellen Gütern, in orientierungslosem Aktivismus, ja sogar bei anderen Menschen – und erwarten von ihnen nicht viel mehr als Spaß und heitere Geselligkeit.

Woher aber kommt die Angst vor dem Einsamsein, woher das Verdrängen? Ich vermute daher, dass wir uns in unserem Einzigsein zugleich auf ein Gegenüber hingeordnet finden, dass wir die Sehnsucht nach dem Du in uns tragen. Es gibt etwas in jedem Menschen, das ihn über sich hinausdrängt, eine Ahnung, dass er zu mehr berufen ist, als er für sich alleine sein kann. Doch die Gemeinschaft und Liebe, nach der wir uns zuinnerst sehnen, können wir nicht herstellen oder gar erzwingen. Selbst dort, wo vertraute Menschen um uns sind, geht es uns oft so, dass wir uns nicht verständlich machen beziehungsweise auch sie nicht vollends verstehen können. Nicht einmal das Scheitern bleibt uns in jedem Fall erspart, bisweilen selbst dann nicht, wenn wir besten Willens sind.

Diese Erfahrung scheint mir in Psalm 116b anzuklingen: „In meiner Bestürzung sagte ich: Die Menschen lügen alle" (Vers 11). So brachte der Verfasser in äußerster Bedrängnis – angedeutet durch die Erwähnung des Sterbens in Vers 15 und der Fesseln in Vers 16 – seine Verzweiflung darüber zum Ausdruck, dass niemand zu ihm hielt. Achten wir aber genau auf die Sprechsituation: Nun wiederholt er diese Worte aus der Erinnerung; seine Notlage ist vorüber. In der glücklichen Wendung ist ihm dies klar geworden: Jahwe hat ihn bewahrt und am Leben erhalten. Darum will er jetzt am Tempel erfüllen, was er Gott zum Dank für die Rettung gelobt hat.

Suche nach dem Unbedingten

Menschen unserer Zeit können in Krisensituationen vielfach nicht wie der Psalmist (vgl. Vers 10) auf ihre Gottesbeziehung bauen, weil sie Gott nicht erkennen. Gleichwohl suchen viele nach Halt, nach einem Unbedingten, einem Du, das sie trägt. Einige große Suchende und später sehr profilierte Ordensleute – mir fallen Charles de Foucauld, Edith Stein oder Thomas Merton ein – haben in ausweglos erscheinenden Situationen erfahren, dass sie hindurchgetragen und gehalten wurden. Sie sind gerade dort, wo sie selbst nicht mehr weiter wussten, jenem Du begegnet, das sie so intensiv gesucht hatten. Ich möchte ihre anschließende Entscheidung für das Ordensleben darum ähnlich wie die Gelübde in Psalm 116,14.18 verstehen: Sie stellen ihr ganzes Leben dem anheim, der sich ihnen als Ziel ihrer Suche und Retter in der Not, als ihr letzter Lebensgrund zu erkennen gegeben hat.

Vor Gott leben – den Mitmenschen dienen

Dass alle drei ihren Weg der Hingabe als besonderen Dienst an den Mitmenschen nicht nur verstanden, sondern auch gelebt haben, spiegelt dabei für mich den gemeinschaftlichen Bezug wider, den auch Psalm 116,18f erkennen lässt. Wer in einer dankenden Grundhaltung lebt, gibt Zeugnis von ihm, der als Urgrund der Wirklichkeit letztlich jeden Menschen trägt. Die vor seinem Angesicht Lebenden selbst bezeugen ihr Getragensein dadurch, dass sie den anderen – wenn auch oft unscheinbar, in Stille und Gebet – selbst Halt und Beistand werden. In der Hinwendung zu Gott finden sie ihr wahres Selbst, ihre Berufung und Aufgabe, die sie, und nur sie, ihren Schwestern und Brüdern gegenüber erfüllen können.

Dies können Menschen, die sich ganz dem Leben vor Gott weihen, uns nahebringen: In der Beziehung zu Gott als dem ewigen Du kann die Einsamkeit der Einzelnen verwandelt werden. Wenn wir uns in unserer Einzigkeit vor Gott hinstellen, kann uns aufgehen, dass jede, jeder von uns mit den eigenen Gaben und Fähigkeiten unvertretbar und unersetzlich ist, und wir können unseren Ort in der Gemeinschaft sehen und handelnd wahrnehmen lernen. Denn lebendige Gemeinschaft untereinander wird nach Martin Buber dadurch erst ermöglicht, dass alle zur gemeinsamen Mitte in lebendiger Beziehung stehen.

Johannes Bernhard Uphus

Leben in Gelübden

Die Lebensform, die ein Mensch frei wählt und verbindlich lebt, formt sein Leben. Das können Eheleute bestätigen, die lange Jahre verheiratet sind, das können zölibatär lebende Priester und Ordensleute ebenso bezeugen. Es wäre auch seltsam, wenn viele gemeinsame Ehejahre ein Paar nicht prägen würden oder wenn Priester und Ordensleute durch ihre Lebensform nicht geformt wären in ihrer Beziehung zu Gott und zu den Mitmenschen. Auch Alleinstehende werden bestätigen, dass ihre Lebensform sie prägt.

Was heißt das für mich persönlich, dass ich seit vielen Jahren in einer klösterlichen Gemeinschaft die drei Gelübde der gottgeweihten Keuschheit, der evangelischen Armut und des Gehorsams lebe?

Gelübde sind Versprechen, die Gott gemacht werden. Weil er uns ruft und in Treue zu seinem Ruf steht, können wir die Antwort wagen. Die Bindung an Gott und an die Gemeinschaft in der Profess erfolgt stufenweise. Der ersten Profess gehen die Noviziatsjahre als Zeit des Einlebens und Kennenlernens der Gemeinschaft und ihrer Aufgaben sowie der Auseinandersetzung mit dem, was ein Leben in Gelübden bedeutet, voraus.

Zeitliche Profess

Meine erste (zeitliche) Profess erfolgte für drei Jahre. Es ist gleichsam ein praktisches Erproben dieser Lebensform in Verbindung mit dem Beruf für einen begrenzten Zeitraum. Es folgte die zweite Profess für zwei Jahre. Erst dann war es so weit, dass ich mein Versprechen „für immer" ablegen konnte – zu einem Zeitpunkt, den ich herbeisehnte. Natürlich sprach ich vorher mit meinen Mitschwestern über die Verpflichtung, die wir auf uns nahmen. Dabei wurde von den einen das Gelübde der Keuschheit, von anderen eher das Gehorsamsgelübde als schwieriger empfunden.

Bindung in Freiheit

Auch nach der Profess habe ich mich immer wieder mit dem Thema Gelübde beschäftigt und dabei daran ganz neue Seiten entdecken können. Der Wandel im Verständnis besonders des Keuschheitsgelübdes deutet sich ja auch darin an, dass wir bei der ersten Profess „Jungfräulichkeit" gelobten, bei der zweiten „Ehelosigkeit um des Gottesreiches willen" und bei der ewigen Profess „gottgeweihte Keuschheit".

Der Begriff Ehelosigkeit verrät eine Perspektive, in der das Gelübde eher einen Mangel ausdrückt: Armut als fehlender Besitz, Ehelosigkeit als ein Fehlen der Ehe und Gehorsam als mangelnde Selbstbestimmung. Ich bin froh, die Gelübde nicht als Mangelsituation zu erfahren, sondern vielmehr als einen Reichtum, der mir ermöglicht, mich in Freiheit zu binden.

Der Vergleich zur Situation von Eheleuten ist mir da sehr hilfreich. Wer sich wirklich aus Liebe an einen Menschen bindet, gibt damit zwar die Freiheiten eines

Single-Daseins auf, gewinnt aber doch die neue Freiheit des „Wir".

Leben in Gelübden befreit zu …

So gilt für mich in der Bindung an Gott, der mich auf diesen Weg gerufen hat, dass ich einen großen Freiraum erfahre: Gottgeweihte Keuschheit befreit zu unbegrenzter Liebe, evangelische Armut befreit zu solidarischem Leben und Gehorsam befreit zum Dienst in gemeinsamer Verantwortung. Doch da muss ich mit Paulus sagen: „Nicht dass ich es schon erreicht hätte oder dass ich schon vollendet wäre. Aber ich strebe danach …" (Phil 3,12).

In jeder Lebensform sind wir aufgerufen, die Liebe Gottes durch unser Leben erfahrbar zu machen. Eheleute können dabei in ihrer Liebe zueinander besonders den personalen Aspekt der Liebe Gottes verdeutlichen: Gott liebt dich und mich ganz persönlich. Zölibatär lebende Menschen können mehr den *universalen Aspekt* dieser Liebe sichtbar machen: Gott liebt alle Menschen, ohne Unterschied. Gelübde sind *eine* Möglichkeit, auf Gottes Ruf zu antworten. Es gibt keinen religiösen Weg, der die Vollkommenheit für sich gepachtet hätte.

Der ganze Mensch ist gefordert

Ein Leben in Gelübden fordert den ganzen Menschen, seine Liebesfähigkeit ebenso wie seine geschwisterliche Solidarität und Verantwortungsbereitschaft. In der Kraft des Heiligen Geistes versuche ich, das große Versprechen in kleinen Alltagsmünzen einzulösen. Ring und Kreuz, die mir bei der Profess überreicht wurden, erinnern mich immer wieder daran.

222

Die Gründerin unserer Ordensgemeinschaft, die heilige Maria Magdalena Postel, sagt in ihrer ersten Gelübdeformel: „Gott, du hast mich gerufen: In der Tiefe meiner Seele habe ich deine Stimme vernommen; du hast mir die Pfade der Gerechtigkeit gezeigt, du hast mir Mut gemacht, dir auf diesen Pfaden zu folgen." Selbst wenn wir das heute vielleicht etwas anders formulieren, der Inhalt bleibt doch gleich: Gott, du hast mich gerufen. Ich habe deinen Ruf gehört. Du hast mir dadurch einen Weg eröffnet und mich ermutigt, dir auf diesem Weg in klösterlicher Gemeinschaft zu folgen.

Erneuerte Gelübde oder:
Der Weg entsteht im Gehen

Es bewegt mich, wenn ich still für mich meine Gelübde erneuere. Es bewegt mich, wenn wir am Dreifaltigkeitssonntag gemeinsam unsere Gelübde erneuern. Ich bin überzeugt – und das gilt für die Erneuerung des Eheversprechens der Ehepartner ähnlich: Das bleibt nicht ohne Wirkung, in „guten" wie in „bösen" Tagen. Und ich bin froh und dankbar, dass ich nach so vielen Jahren sagen kann: Ich würde mich heute wieder für diese Lebensform entscheiden.

Meine Gelübde lebe ich als Einzelne, aber in Gemeinschaft. Die Gemeinschaft, das persönliche Mühen meiner Mitschwestern, stützt mein Bemühen. Gemeinsam sind wir auf einen Weg gestellt, der nicht einfach fertig vorgegeben ist, sondern immer neu Gestalt gewinnt, indem wir ihn gehen.

Sr. Maria Andrea Stratmann SMMP

„Christus anziehen"

Das Sprichwort „Kleider machen Leute" gilt in unserer Gesellschaft nicht mehr – oder vielleicht doch? Über viele Jahrhunderte konnte man jedenfalls den sozialen Rang, den Beruf, aber auch die familiäre Stellung einer Person an der Kleidung ablesen. Mit entsprechendem Outfit konnte man im Extremfall sogar die Zugehörigkeit zu einer bestimmten sozialen Schicht vorgaukeln, der man gar nicht angehörte. Dennoch bildet die Kleidung in unserem Kulturraum weiterhin ein entscheidendes Mittel, mit dem sich die Einzelnen voneinander unterscheiden wollen und können.

Bekleidungssitten in der Geschichte

Dabei hatte das Bürgertum mit dem Zerfall der feudalen Gesellschaft zunächst einen anderen Weg beschritten: Der einheitlich graue oder dunkle Anzug galt als Identitätskennzeichen, um sich vom angeblich „dekadenten" und immer modebewussten Adel (besonders den adeligen Männern) abzugrenzen. Bald wurde aber der Anzug zum sozial verbindlichen Gewand gegenüber dem schmutzigen Arbeitskittel der Bauern und dem „Blaumann" der Arbeiterschaft. Mit dem Ende der festen sozialen Schichten wurde auch die sozial normierte Kleidung von wechselnden Moden abgelöst – zunächst bei den Frauen, dann bei den Männern.

Heute gibt es gerade bei Jugendlichen ständig wechselnde „Dresscodes", mit deren Befolgung man sich als „in" oder „out" klassifiziert, aber auch bestimmte Lebensentwürfe kennzeichnen kann. Geschickt lenkt die Bekleidungsindustrie diese Moden und greift zugleich zu beobachtende Entwicklungen auf. Daher müsste das Sprichwort heute eher lauten: „Kleider zeigen, wer man sein möchte."

Christliche Symbolik der Kleidung

Das Christentum hat zunächst einmal die jeweiligen Bekleidungssitten seiner Zeit geteilt. Dennoch gibt es für Christen eine besondere Symbolik der Kleidung, die aus der Taufe resultiert. Denn die Taufe als Wiedergeburt aus Wasser und Geist macht den oder die Neugetaufte(n) mit Christus gleich, da Taufe Hineinnahme in Tod und Auferstehung Jesu Christi ist. Entsprechend der paulinischen Deutung, dass die Neugetauften den alten Menschen abgelegt und „Christus als Gewand angezogen" haben (vgl. Röm 13,14; Eph 4,23f), wird in antiken Quellen berichtet, dass die Neugetauften weiße Gewänder nach dem Taufbad überzogen und diese die Osteroktav über bis zum Weißen Sonntag trugen.

Auch im heutigen Taufritus findet sich dieses Bekleidungsritual: Der Kindertaufritus spricht vom Anziehen des weißen Taufgewandes. Die Studienausgabe der Feier der Eingliederung Erwachsener in die Kirche geht in der Grundform von einem Anziehen des weißen Gewandes oder eines sogenannten „Taufschals" mithilfe der Paten aus. Das Christentum tendiert also in der Kleidungsfrage zunächst nicht zur Differenzierung, sondern zur Gleichheit, weil wir alle eins sind in Christus. Diese Dimension der konstitutiv gleichen Würde aller Getauften in Jesus Christus möchte auch der (relativ junge) „Taufschal" verdeutlichen: Es handelt sich um einen weißen Schal, den Gläubige bei bestimmten Feiern über ihre Zivilbekleidung legen – ähnlich den Tüchern auf Katholiken- und Kirchentagen. Ansonsten zeigt sich die Gleichheit der

Würde im Gottesdienst darin, dass alle ihre normale Zivilkleidung zum Gottesdienst tragen (eine eigene Sonntagskleidung findet sich nur noch gelegentlich).

Liturgische Kleidung

Die darüber hinaus in unseren Gottesdiensten übliche „liturgische Kleidung" besteht aus Kleidungsformen, die sich durch Beibehaltung antiker Gewandformen herausgebildet haben. Liturgische Kleidung ist zunächst funktional, das heißt orientiert sich an Aufgabe und Amt, die jemand innehat und im Gottesdienst ausübt: Über einem weißen Untergewand (Albe) tragen Priester und Bischöfe in der Eucharistiefeier die Kasel, die Diakone die Dalmatik. Hinzu kommen Insignien wie zum Beispiel die Stola. Der Chormantel wird außerhalb der Eucharistiefeier getragen und ist nicht an Weihestufen gebunden. Gerade in Bezug auf die liturgische Gewandung von besonders beauftragten Laien besteht weiterhin Unsicherheit.

Das Tragen dieser liturgischen Kleidung ist aber auf die gottesdienstlichen Vollzüge begrenzt. Darüber hinaus haben sich bestimmte Bekleidungsformen und -traditionen des Klerus entwickelt, die nicht selten noch Standesbekleidungen darstellen.

Habit als Sonderform

Es gibt jedoch eine Gruppe in der Kirche, die im Alltag wie im Gottesdienst eine eigene christlich geprägte Kleidung trägt: Nonnen und Mönche mit ihrem Ordensgewand. In dieser Bekleidung spiegelt sich das Selbstverständnis dieser Gruppe wider, die auf eigene Art und Weise ihr Christsein innerhalb der Kirche leben und verwirklichen will. Die Kleidung gehört konstitutiv zu dieser frei gewählten Lebensform hinzu und wird bei der Aufnahme in diese Lebensform, der Profess (eventuell schon früher), gegen die Zivilkleidung eingetauscht und angelegt. In der monastischen Tradition wird die Profess auch als „zweite Taufe" angesehen, die in diese besondere Form der Christusnachfolge eingliedert. (Die Tradition kennt sogar symbolische „Begräbnisse" und „Wieder-Auferweckungen" im Profess-Ritus.) Entsprechend wird der Name gewechselt und ein Gewand angelegt, das der neuen Lebensorientierung entspricht. Über das Ordensgewand kann bei Bedarf eine besondere Arbeitskleidung oder auch eine besondere liturgische Kleidung getragen werden. Die „normale" Form der Bekleidung in Gottesdienst und Alltag ist aber ein und dasselbe Ordensgewand. Diese Kleidung steht insofern nicht in Konkurrenz zum Taufkleid, als sie keine neue Würde des Einzelnen konstituiert, sondern den Lebensentwurf kennzeichnet, den es zu verwirklichen gilt.

Friedrich Lurz

Kirchweihe

KAPITEL 12

„All das hat meine Hand gemacht; es gehört mir ja schon"

Gedanken zur Kirchweihe

Unsere Kirchengebäude nennen wir mit Selbstverständlichkeit Gotteshäuser. Doch schon das Jesajabuch gibt zu bedenken: Wenn Gott Gott ist und nicht bloß ein idealisierter Mensch, wenn seine Maße unsere Maße wirklich sprengen, sodass der weite Himmel gerade einmal seinen Thronsitz bildet und die Erde als Ganze zum Schemel für seine Füße taugt – was für ein Haus könnten Menschen Gott dann erbauen? „Denn all das hat meine Hand gemacht; es gehört mir ja schon – Spruch des Herrn" (Jes 66,2).

Gott wohnt in seiner Gemeinde

Gott wohnt nicht in Tempeln, die von Menschenhand gemacht sind, betont auch die Apostelgeschichte (Apg 17,24). Gott wohnt in seiner Gemeinde, deren lebendiger Bau durch den „Schlussstein Christus" im Heiligen Geist zusammengehalten wird (Eph 2,11–22). Die Kirche Jesu ist ein „geistiges Haus", auferbaut aus lebendigen Steinen (1 Petr 2,5). Kirche wird dargestellt und gebildet durch die Zusammenkünfte im Namen Jesu (vgl. Mt 18,20). Kirchenräume aus Stein, Holz oder Beton können diese grundlegend geistliche, in sich vielfältige Wirklichkeit sinnlich-materiell zum Ausdruck bringen. Kirchenräume haben die Aufgabe, schützend und bergend, befreiend und befriedend zu wirken. Sie wollen, wie Romano Guardini sagt, „heiligem Spiel" in Gott Raum geben. Sie sind Räume der Begegnung mit Gottes Wort, mit Christus als dem Herrn der Kirche und der Getauften untereinander.

Kirchenbild und Kirchenbau im Wandel

Fanden ihre Versammlungen zunächst noch im Tempel und in den Synagogen, besonders aber in Privathäusern statt, in denen teilweise ein eigener Gottesdienstraum eingerichtet wurde, so gingen die Christen unter neuen religionspolitischen Bedingungen bald dazu über, eigene Bauten zu errichten. Seit der konstantinischen Zeit wurde im Westen die als Versammlungsraum für politische und wirtschaftliche Zwecke dienende Basilika zum Grundtyp des christlichen Kirchengebäudes. Nach dem Zerfall der spätantiken Kultur ist das Kirchenbild stark von den Mönchsgemeinschaften geprägt; typisch wird nun die Absonderung des Mönchschors vom übrigen Kirchenraum. Jede Zeit bringt über ihre Kirchenbauten, über deren Raumkonzepte und Bildprogramme ihr eigenes Verständnis von Gott und Welt, Kirche und Welt und von deren Zueinander, Miteinander oder Gegeneinander sinnenfällig zum Ausdruck.

Sind Planung und Bau einer Kirche Hoch-Zeiten im Leben einer Gemeinde, so ist es von zentraler Wichtigkeit, dass die Arbeit am äußeren Kirchenbau in enger Beziehung bleibt zum Auftrag der christlichen Gemeinschaft, gemeinsames inneres Leben aufzubauen im und zum Gotteslob. Durch die kirchliche Feier zum Baubeginn der Kirche, die Segnung des Grundsteins, kommt der Lobpreis als Motiv des großen Bauprojekts in den Blickpunkt. Die Kirchweihe und die mit ihr verbundenen Segnungen schließlich sind eine bedeutsame Gelenkstelle, die die Fertigstellung des materiellen Gebäudes mit seiner Belebung durch die im Heiligen Geist versammelte Gemeinde verbindet.

Die Kirchweihe

Als nach der Konstantinischen Wende die ersten eigenen Räume für die gottesdienstlichen Versammlungen
der Christen errichtet wurden, begann man auch, die
neuen Räumlichkeiten durch eine festliche Eucharistiefeier und durch Festreden in Gebrauch zu nehmen und
sie auf diese Weise Gott zu widmen. Eusebius von
Caesarea (gestorben 339) berichtet dies als Erster von
einer Kirche in Tyrus. Die Jerusalempilgerin Egeria bezeugt die Jahresgedächtnisfeier der Einweihung der
Grabeskirche zu Jerusalem zwischen 381 und 384. Zu
jeder Kirchweihe gehört von Anfang an die Messfeier,
im 4. Jahrhundert kommt gelegentlich die Übertragung
von Märtyrerreliquien hinzu, die 787 vom Zweiten
Konzil von Nicaea vorgeschrieben wird. Durch Salbung mit Chrisam und durch seine „Taufe" mit geseg-
netem Wasser wird der Altar für die Messfeier bereitet.
Eine Fülle, schließlich eine Überfülle von Zeichen-
und Segenshandlungen entfaltet sich: Entzünden der
zwölf Kerzen an den Kirchenwänden, Klopfen an die
Kirchentür, Schreiben des Alphabets auf den Boden,
Wassersegnung, Besprengung von Altar und Kirchenwänden innen und außen sowie des Fußbodens, Darbringung von Weihrauch, Salbung von Altar und Kirchenwänden. Die feierliche Gestaltung der Kirchweihe
wird in der Folgezeit so erweitert, dass sie auf zwei
aufeinanderfolgende Tage aufgeteilt werden muss.

Die heutige Feier

Nach der Studienausgabe des römischen Liturgierates
von 1973, die zur Kirchweihe allein durch die Feier
der Eucharistie zurückkehren wollte, und auf der
Grundlage des 1977 als Teil des PONTIFICALE ROMA-

NUM erschienenen ORDO DEDICATIONIS ECCLESIAE ET ALTARIS wurde die im deutschen PONTIFIKALE 1994 publizierte „Weihe der Kirche und des Altares" erarbeitet. Die Feier der Kirchweihe steht unter dem Leitgedanken der Gegenwart Christi in der Liturgie, die in der versammelten Gemeinde, in seinem Wort, in den Sakramenten und in der Eucharistie durch die Feier hervorgehoben und sinnenfällig werden soll. Der Bischof kommt in die neue Kirche, um in ihr eine festliche Eucharistiefeier zu halten und in deren Verlauf die jeweiligen liturgischen Orte in Dienst zu nehmen. Einige charakteristische Segnungen seien genannt: Zunächst wird das Wasser für den Taufbrunnen gesegnet. Nach der Erneuerung des Taufbekenntnisses werden Gemeinde und Kirchenraum besprengt. Zu Beginn des Wortgottesdienstes wird der Ambo gesegnet, der Bischof überreicht dem Lektor das Lektionar und dem Diakon das Evangelienbuch. Nach dem Wortgottesdienst besprengt der Bischof den Altar mit Weihwasser und salbt ihn. Vor der Aufbewahrung des eucharistischen Brotes im Tabernakel wird dieser gesegnet.

„Der Himmel ist mein Thron und die Erde der Schemel für meine Füße. Was wäre das für ein Haus, das ihr mir bauen könntet? Was wäre das für ein Ort, an dem ich ausruhen könnte? Denn all das hat meine Hand gemacht; es gehört mir ja schon – Spruch des Herrn" (Jes 66,1 f). Und Gott lässt keinerlei Zweifel daran, was ihm am Herzen liegt, auf wen er schaut: „Ich blicke auf den Armen und Zerknirschten und auf den, der zittert vor meinem Wort" (Jes 66,2).

Das Gotteswort des Buches Jesaja hat auch für unsere Zeit und unsere Kirchenbauten Bedeutung. Es hilft uns, die Kirchweihe im rechten Geist zu feiern: in dankbarer Freude – und in Demut.

Susanne Sandherr

In Gottes Haus geborgen

„My heart leaps up when I behold/A rainbow in the sky", beginnt ein Gedicht von William Wordsworth, „Luftsprünge macht mein Herz, wenn ich einen Regenbogen sehe". Nun gut, Luftsprünge vielleicht nicht immer und nicht bei jeder und jedem von uns. Aber Sie werden mir zustimmen: Wer durch einen Wald oder über eine Wiese geht und seine Umgebung wahrzunehmen bereit ist, dem können die unscheinbarsten Dinge zu Spuren göttlicher Gegenwart werden. Und nicht nur der Regenbogen: Der Regen selbst mit seinem Geplauder und den Rinnsalen, die er hervorbringt, wird zum Fest, wie Thomas Merton einmal schrieb. Wir können Gott in der Natur begegnen.

In Gemeinschaft vor Gott

Wenn ich ehrlich bin, geht es mir jedoch selten so, dass ich einfach nur glücklich bin, wenn ich mich in der Natur aufhalte. Im Gegenteil. Gerade die Freude, die sich dort einstellt, führt mir die widerstrebenden Seiten meines Lebens umso deutlicher vor Augen: die Spannungen, die mein Verhältnis zu den mir nahestehenden Menschen belasten, die Trauer um zerbrochene Freundschaften, die Enttäuschungen, die ich anderen zugefügt habe. Darüber kann die in der Natur erfahrene Harmonie nicht hinwegtrösten, selbst wenn sie Gottes „es war sehr gut" (Gen 1,31) noch so eindeutig bejahen lässt. Gottes gute Schöpfung ist – ökologisch ebenso wie zwischenmenschlich – in vieler Hinsicht dadurch beeinträchtigt, wie wir uns verhalten.

Hier wird für mich der liturgische Raum wichtig als Ort, an dem wir Glaubenden als Gemeinschaft vor Gott hintreten. Zwar handelt es sich bei dieser Gemeinschaft kaum je um eine, die schon von den Folgen alles dessen, was wir einander angetan haben, befreit wäre. Aber immerhin: Wenn Menschen sich versammeln, um gemeinsam den Schöpfer und Erlöser für seine Güte zu loben und sich neu an seinem Wort auszurichten, und zumal wenn sie miteinander in der Eucharistiefeier das Gedächtnis der Hingabe Jesu Christi begehen, dann kann ihnen die Hoffnung zuteilwerden, dass das Unvollkommene, ja Heillose sich zum Guten zu wenden vermag. Und noch mehr: Bisweilen geschieht es, dass aus der Bereitschaft, im Geist Jesu aufeinander zuzugehen und einander mit Schwächen und Fehlern anzunehmen, unversehens Neues hervorkeimt und das der Heilung Bedürftige Verwandlung erfährt. Dann stehen nicht mehr nur viele Einzelne mit ihren persönlichen Sorgen nebeneinander, sondern die feiernde Gemeinde erlebt sich im gemeinsamen Tragen ihrer Lasten und Wunden geheimnishaft als Leib Jesu, des auferstandenen Gekreuzigten.

Ort der grenzüberschreitenden Barmherzigkeit Gottes

Die Kirche als Gemeinschaft glaubender – das heißt hier: Gott und einander vertrauender – Menschen wird dann zum Raum, in dem Gottes Barmherzigkeit die Grenzen der Einzelnen überwindet. In ihr nimmt durch Gottes vergebungsbereite Liebe die Gemeinschaft der Unvollkommenen höheren Rang ein als die Vollkommenheit der Einzelnen, und das vorbehaltlose Miteinander der vielen ermöglicht erst die Entwicklung zu immer größerer individueller Vollkommenheit. So ist Kirche der „personale" Ort, an dem sich die Herrschaft des gütigen Schöpfers zu verwirklichen beginnt.

Im Geist und in der Wahrheit

In besonderer Dichte zeigt sich dies für mich in Jesu Begegnung mit der Samariterin (Joh 4). Im Zentrum steht die Frage nach dem Ort der Anbetung Gottes, und die Antwort lautet weder in Jerusalem noch auf dem Berg Garizim, dem heiligen Berg der Samariter, sondern: „im Geist und in der Wahrheit" (siehe Verse 19–24). Um dieses Wort zu erschließen, möchte ich einen Gedanken Martin Bubers aufgreifen, der lautet: Geist ist zwischen Ich und Du, und der Mensch lebt im Geist, wenn er seinem Du zu antworten vermag, wenn er mit seinem ganzen Wesen in die Beziehung eintritt. Genau dies tut Jesus: Er nimmt wahr, was dieser Frau fehlt, was heillos ist in ihrem Leben (Vers 18) – und stößt sie nicht einmal deswegen zurück, obwohl er schon als Jude mit ihr nicht hätte umgehen dürfen. Er verkündet (Vers 25!) ihr durch sein *Tun*, um was es geht, und zwar *bevor* die Rede darauf kommt: Er bittet gerade sie, die Samariterin, um Wasser – und lässt sie damit spüren, dass er in diesem Moment, trotz aller Gründe, die dagegen zu sprechen scheinen, gerade auf sie und ihre Hilfe angewiesen ist. Dass er noch dazu weiß, wie es um ihr Privatleben steht, wird die Wirkung dieser Bitte auf die Frau im Nachhinein noch verstärken. Als dann auch die Jünger Jesu hinzukommen und keiner sich abfällig äußert, hält es sie nicht mehr: Sie bricht zu den Ihren auf und berichtet von dem, was ihr widerfahren ist, ja, es sprudelt geradezu aus ihr hervor, und auf ihr Wort hin kommen viele hinaus zu Jesus und finden zum Glauben an ihn. Im Geist und in der Wahrheit: Wenn wir aufeinander zugehen, wie Jesus es tat und auch uns gegenüber tut – in seiner Echtheit und Wahrhaftigkeit, mit seinem Gespür für sein Gegenüber –, dann kann im Geist Jesu Gott selbst, die Quelle lebendigen Wassers (Jer 2,13), unter uns gegenwärtig und wirksam werden. Uns kann aufgehen, dass wir der Tempel Gottes sind (vgl. 1 Kor 3,16), aus dem Leben spendendes Wasser hervorströmt, das Salzwasser gesund und Wüsten zu Gärten macht (vgl. Ez 47,1–12).

Sprechende Stille

Und der Kirchenraum? Wird er überflüssig? Überlegen Sie einmal, was Sie spüren, wenn Sie ein Gotteshaus betreten. Vielleicht treffen sich ja unsere Erfahrungen. Ich möchte von einer berichten, die mir von Sankt Ludwig in München her vertraut ist. Sollten Sie irgendwann Gelegenheit haben, diese Kirche zu besuchen, wird Ihnen vielleicht auch auffallen, wie mit dem Verkehrslärm der Ludwigstraße die Unrast des Alltags hinter den schweren Portalen zurückbleibt und eine wohltuende Stille Sie grüßt. Woher nimmt diese Atmosphäre ihre Kraft? Ich möchte behaupten, vor allem durch den Geist Jesu, den die feiernde Gemeinde in diesem Raum atmet und der sich verdichtet im eucharistischen Brot, im Sakrament der Hingabe Jesu, in dem er uns stets gegenwärtig bleibt.

Johannes Bernhard Uphus

Messen
Ein vergessener Zusammenhang

Wenn Messe ist, macht sich das bemerkbar, selbst in einer Großstadt wie München. Da sind die meisten Hotels, ja selbst die kleinen Gasthöfe und Pensionen des Umlands ausgebucht, die S- und U-Bahnen voll, vom dichten Verkehr auf dem Autobahnring ganz zu schweigen. So ist das halt im katholischen Bayern, könnte man denken. Nein, nicht ganz. Sonntags sind auch hier die (Auto-)Bahnen leerer als wochentags. Solche Anziehungskraft üben in unserer Zeit nur mehr kommerzielle Großveranstaltungen aus, die mit der Eucharistiefeier nicht viel mehr als den Namen gemein haben. Da geht es um Autos, Boote, Kleidung, Bücher – und vor allem um viel Geld.

Aber die gleiche Bezeichnung kommt nicht von ungefähr. Es gab Zeiten, da hingen Messe und Messe zusammen. Die Kirchweih, das Patronatsfest einer Kirche, war von jeher ein Anlass zum Feiern; belegt ist der Brauch bereits Ende des 4. Jahrhunderts in Jerusalem, im Westen seit dem 5. Jahrhundert. Früh mit Volksbräuchen verbunden, wurde das Fest des Ortsheiligen nicht nur mit feierlicher Liturgie (dafür frühlateinisch „missa", das sich mit „Kirche" zu „Kirmes" verschmolzen hat), sondern auch mit üppigem Essen und Trinken, Tanz und anderen Unterhaltungsformen begangen. Dieser Anlass führte meist die ganze Sippe zusammen und war oft mit Totengedenken (am zweiten Tag) verbunden. Seit dem Mittelalter bildete es so das wichtigste bäuerliche Jahresfest, eine Bedeutung, die sich etwa im französischen „kermesse" als Bezeichnung für Volksfest schlechthin widerspiegelt und die man in Bayern heute noch spürt, wenn am dritten Oktobersonntag der „Kirta" gefeiert wird.

Mit den Kirchweihfesten gingen somit Menschenansammlungen einher, die während des übrigen Jahres nicht vorkamen. Wurden sie früh zur Vermarktung der bäuerlichen Erträge genutzt, entwickelten sich daraus in regionalen und besonders in überregionalen Zentren regelmäßig wiederkehrende Handelstreffen, die für den Fernhandel und die kulturelle Begegnung verschiedener Länder große Bedeutung erlangten. So zog etwa die „Messe" von Saint-Denis bei Paris, die am 9. Oktober stattfand und folglich mit der Weinernte zusammenfiel, bereits im 8. Jahrhundert Friesen und Sachsen an. Die Messen wurden in der Folgezeit von fürstlicher Seite mit Privilegien ausgestattet, die sie über die üblichen Märkte hinaushoben. Den Kaufleuten wurde besonderes Geleit bei An- und Abreise sowie Schutz während des Aufenthalts am Ort zugesichert; es gab zum Teil spezielle Gerichte, um Streitigkeiten im Schnellverfahren beizulegen beziehungsweise Vergehen zu ahnden; Zölle und Abgaben wurden vielfach erlassen oder zumindest erheblich verringert. Mehr und mehr wurden die Messen so zum Instrument regionaler Wirtschaftspolitik, die den Handel in einem Herrschaftsbereich zu konzentrieren vermochten. Für eher abgelegene Regionen bildeten die Messen zentrale Institutionen des Fernhandels, so die von Nischnij-Nowgorod für den russischen und die von Lublin für den polnischen Außenhandel. Die Messen von Leipzig und Frankfurt am Main gewannen seit dem späten Mittelalter an Bedeutung für den europäischen Ost-West- beziehungsweise Nord-Süd-Handel. Für das Kreditwesen waren die Messen als Fälligkeitstermine von Schulden nicht nur aus Handelsgeschäften, sondern auch aus öffentlichen und privaten Anleihen wichtig.

Wer heute eine Messe besucht, dem ist in den meisten Fällen nicht mehr klar, welche das ganze – das wirtschaftliche, gesellschaftliche, kulturelle und nicht zuletzt geistliche – Leben umfassenden Zusammenhänge hinter diesen heute auf das Ökonomische verengten Großveranstaltungen einmal standen. Menschen unterschiedlichster Herkunft und Prägung begegnen einander dort auch zu unserer Zeit; Gelegenheit wäre also genug, über den bloßen Zweck, möglichst viel

Ware abzusetzen oder möglichst günstig einzukaufen, hinauszugehen.

Johannes Bernhard Uphus

Altarweihe

Die Kirche ist zunächst nicht ein Ort oder ein Gebäude, sondern die Gemeinschaft der Glaubenden und Getauften. Die Gemeinde als geistiges Haus, auferbaut aus lebendigen Steinen (1 Petr 2,5), ist der eigentliche Ort der Präsenz Christi in dieser Welt. Der Kirchenraum hingegen ist Versammlungsort dieser „pilgernden Kirche", wie es die Kirchweihpräfation ausdrückt.

Altarweihe im Rahmen der Kirchweihe

Susanne Sandherr hat schon dargelegt (siehe S. 233), dass die Weihe des Kirchenraumes eine gottesdienstliche Form ist, die erst im Lauf der Liturgiegeschichte entstanden ist. Die Altarweihe ist ein Teil dieser Kirchweihe und wird nur in Ausnahmefällen separat gefeiert, zum Beispiel wenn in einer bestehenden Kirche ein neuer Altar errichtet worden ist.

Wie in der Kirchweihe insgesamt, so stellt auch in der Altarweihe der erste Gebrauch des Altares bei der Eucharistiefeier die ursprüngliche Form und das Eigentliche der Feier dar. Da man aber bei der Revision der liturgischen Bücher nach dem Zweiten Vatikanum die alleinige Rückkehr zu dieser altrömischen Form für zu nüchtern hielt und Teile der im Lauf der Liturgiegeschichte hinzugewachsenen Feierelemente erhalten wollte, ist auch heute diese erste Eucharistiefeier am Altar durch weitere Elemente angereichert.

Im Rahmen einer Kirchweihe sind schon die Segnung des Taufwassers und des Taufbrunnens sowie der Wortgottesdienst mit der Segnung des Ambos vorausgegangen. Das ganze Ritengefüge soll die Präsenz Christi in den unterschiedlichen liturgischen Vollzügen deutlich werden lassen, wie sie das Zweite Vatikanische Konzil in Artikel 7 der Liturgiekonstitution SACROSANCTUM CONCILIUM proklamiert hat.

Die Elemente der Altarweihe

Die Altarweihe beginnt wie viele Weihehandlungen mit dem Gebet der Litanei. Daraufhin werden die heute nicht mehr verpflichtend vorgeschriebenen Reliquien unter der Altarplatte beigesetzt; durch sie wird die seit der Antike bezeugte Verbindung von Märtyrer- beziehungsweise Heiligengrab und Altar auch heute noch sichtbar. Dann wird der Altar mit Weihwasser besprengt und mit Chrisam gesalbt – beides sind Vollzüge, die ihre Parallele in Taufe und Firmung haben, zugleich aber die besondere Bezogenheit des Altars zu Christus erkennen lassen, der der eigentliche „Gesalbte" ist. Darauf werden Weihrauch und Wachsdochte auf verschiedene Stellen des Altares gegeben, mit dem Feuer der Osterkerze entzündet und verbrannt. Dieser Ritus mit den kleinen Flammen auf dem Altar ist wohl der beeindruckendste der ganzen Feier. Die Gemeinde singt ein Lied zum Heiligen Geist, nachfolgend spricht der Bischof das Weihegebet, das auf zahlreiche theologische Bilder Bezug nimmt.

Nach dem Weihegebet wird die Altarplatte (lateinisch: „mensa") gereinigt und mit einem weißen Tuch gedeckt. Die Altarkerzen werden entzündet, sodass der Altar nun für die Eucharistiefeier bereit ist. Das Eucharistiegebet hat eine eigene Präfation, die eine knappe Theologie des Altars entfaltet. Deutlich wird der Bezug zu Jesus Christus und seinem Kreuzestod als dem entscheidenden Opfergeschehen der Heilsgeschichte hergestellt: „Er hat sich auf dem Altar des Kreuzes dir dargebracht und uns aufgetragen, das Gedächtnis seines Opfers zu feiern bis zum Ende der Zeiten." Dadurch wird nicht nur der Unterschied des christlichen Altares zu den vielen Altären der unterschiedlichen Religionen deutlich gemacht, sondern auch die Eucharistie als Gedächtnisfeier des Kreuzestodes Jesu Christi bekannt. Danach stellt die Präfation in positiver Weise den Altar als Tisch heraus, an dem die Gemeinde mit dem Leib Christi gestärkt und zu einer Kirche zusammengeführt wird. Wie in der „Kommunionepiklese" des Eucharistiegebets geht auch hier der Blick weiter: Die Gemeinde soll den Heiligen Geist empfangen, „der auch sie verwandelt zu einem lebendigen Altar und einer heiligen Gabe". Der Altar ist somit Ort des dynamischen Geschehens, das die Gläubigen durch den Heiligen Geist befähigen soll, sich selbst darzubringen.

Die Christussymbolik des Altares

Zwar gesteht die Liturgie dem Altar eine Christussymbolik innerhalb des Kirchenraumes zu, sodass ihm immer besondere Verehrung gezollt wird, etwa durch Verbeugung. Seine Würde erhält der Altar aber aus seinem Gebrauch als Tisch der Eucharistiefeier: Hier ist der Ort, an dem die Gemeinde, die als Gemeinschaft der Getauften bereits „Leib Christi" ist, sich mit ihren Gaben in geistlicher Weise in die Hingabe Christi an den Vater hineinbegibt. Zugleich ist der Altar der Ort, an dem die Gemeinde diese Gaben gewandelt zurückerhält, in der Kommunion den Leib und das Blut

Christi empfängt, um so noch mehr Christus einverleibt zu werden. Es ist das Heilswirken dieser am Altar gefeierten Eucharistie, die ihn heiligt und seine Würde innerhalb des liturgischen Raumes begründet.

Friedrich Lurz

Kirchliche Begräbnisfeier

KAPITEL 13

„… damit ihr nicht trauert wie die anderen, die keine Hoffnung haben"
Gedanken zur christlichen Begräbnisfeier

Als „Testfall für die Glaubwürdigkeit der Kirche und ihrer Diakonie" (Konrad Baumgartner) wurden christliche Bestattungskultur und Trauerbegleitung bezeichnet. Mit der Deutung des menschlichen Todes im Licht des Todes und der Auferstehung Jesu hebt alles Nachdenken darüber an, wie eine christlich geprägte Bestattungskultur aussehen soll und welche Riten besonders geeignet sind, der christlich verstandenen Trauer und Hoffnung Ausdruck zu verleihen.

Gottes Gegenüber

Betrachtet man den Menschen als ein bloß biologisches Wesen, dann ist sein Tod nichts als ein Aufgehen in einen größeren biologischen Prozess. Als leiblich-geistiges Wesen ist der Mensch gewiss in den Naturzusammenhang von Werden und Vergehen eingespannt. Doch eben dieser endliche und vergängliche Mensch trägt die Berufung in sich, mit dem unendlichen und unvergänglichen Gott in Beziehung zu treten. Als personales Gegenüber, als von Gott geschaffenes Du kann der Mensch im Tod nicht verloren gehen; er kann Gott nicht verloren gehen. Aus dieser Einsicht wächst im Alten Testament die Hoffnung auf ein Leben jenseits des irdischen Daseins (Weish 2,23 – 3,9).

Auferweckt in der Kraft des Geistes

Für Christinnen und Christen gewinnt diese biblische Hoffnung in der Auferstehung Jesu ein für alle Mal Gestalt. Gott hat seinen Christus nicht im Tod gelassen, sondern ihn in der Kraft des Heiligen Geistes am dritten Tag von den Toten auferweckt. Auferweckt als „der Erste der Entschlafenen" (1 Kor 15,20) nimmt Jesus die Menschen mit hinein in Gottes Liebe, die aus jedem Tod befreit. Damit verliert der Tod nicht einfach seinen bitteren Ernst, sein lastendes Gewicht. Wenn Paulus die Getauften von Thessalonich auffordert, nicht zu trauern „wie die anderen, die keine Hoffnung haben" (vgl. 1 Thess 4,13), so spricht der Apostel damit kein christliches Trauerverbot aus. Er macht hingegen deutlich, dass sich die Trauer der Christinnen und Christen von der Trauer jener Menschen unterscheidet, die für ihre Toten keine Hoffnung haben können. Wenn uns die Trauer niederdrückt, richtet uns die Hoffnung auf das verheißene neue Leben auf, das nach Gottes Willen Lebende und Tote umspannt. Die Erinnerung an die Auferweckung Jesu unterbindet oder unterdrückt die Trauer nicht, sie verändert sie radikal, weil Gottes Erbarmen zwischen Lebenden und Toten eine Gemeinschaft stiftet, die wir Menschen aus eigener Kraft nicht herstellen können.

Österliche Orientierung

„Der Ritus der Exsequien soll deutlicher den österlichen Sinn des christlichen Todes ausdrücken" (Liturgiekonstitution SACROSANCTUM CONCILIUM, Nr. 81). Dieser Wunsch des Zweiten Vatikanischen Konzils bildet die Grundlage der Erneuerung des ORDO EXSEQUIARUM (1969) und seiner Bearbeitung für die Bistümer des deutschen Sprachgebietes (1975). Während die christliche Sterbe- und Totenliturgie bis in das frühe Mittelalter hinein von der Auferstehungshoffnung geprägt war, schob sich etwa ab dem 10. Jahrhundert der Gerichtsgedanke in den Vordergrund. Riten und Gebete waren nun einseitig darauf ausgerichtet, für die Verstorbenen Verzeihung und Versöhnung zu erlangen. In der Liturgie des Begräbnisses und des Totengedächtnisses spiegelte sich diese Umakzentuierung. Auch in der Häufung von Messen und Ablässen für die armen Seelen zeigte sich die Verengung des Totenrituals. Die höllischen Gefahren, denen die Toten auf dem Weg ins ewige Leben ausgesetzt sind, schreckten und ängstigten die Lebenden. Im Empfinden vieler Menschen drohten sie das österliche Ziel zu verdrängen.

Vor dem Hintergrund dieser geschichtlichen Entwicklungen ermutigte das Zweite Vatikanum die Kirche, in der Totenliturgie das Ostergeheimnis wieder kraftvoll zur Erscheinung zu bringen. Das liturgische Buch DIE KIRCHLICHE BEGRÄBNISFEIER, das die Hinweise des Konzils umzusetzen sucht, beginnt mit Hinweisen und Texten für gottesdienstliche Feiern zwischen Tod und Begräbnis, für Stundengebet, Totenwache und Gebet im Trauerhaus. Die eigentliche Feier der Bestattung kann drei Stationen umfassen: Trauerhaus oder Friedhofskapelle – Kirche – Grab; manchmal auch nur zwei: Friedhofskapelle – Grab; oder nur eine: Grab, Friedhofskapelle oder Krematorium (nach einer Instruktion des Heiligen Offiziums von 1963 ist Feuerbestattung möglich). Ordnungen für die Beisetzung unmündiger Kinder und für die Urnenbeisetzung schließen sich an. Von der Eucharistiefeier abgesehen, können Diakone und beauftragte Laien dem Begräbnis vorstehen.

Jesu Tod – Gabe des Lebens

Die Eucharistiefeier gehört zum christlichen Begräbnis. Während sonst bei feiernden Menschen in unserer Gesellschaft der Tod ausgeblendet bleibt, steht er in der zentralen Feier der Christen im Mittelpunkt. Die Mitte des christlichen Glaubens bildet die gottgeschenkte Erfahrung: Der Tod Christi ist die Gabe des Lebens.

Die Gefahr, den österlichen Zielpunkt aller menschlichen Lebens- und Todeswege, die Auferstehung, aus den Augen zu verlieren, scheint durch die von den Konzilsvätern angestoßene Neugestaltung der Totenliturgie gegenwärtig gebannt. Heute wächst eine neue Sensibilität: das Gespür für die Notwendigkeit, dem Schmerz des Abschieds liturgisch Raum zu geben, den Angehörigen und Vertrauten des beziehungsweise der Toten in gottesdienstlichen Feiern die Trauer zu ermöglichen, die Trauernden in ihrer Trauer zu begleiten.

Nur wenn die christliche Begräbnisfeier Ausdruck von Trauer und Hoffnung zugleich ist, kann sich die Trauer wandeln.

Susanne Sandherr

Lebendige Hoffnung

Wir alle haben Menschen begraben, die wir geachtet, geschätzt oder geliebt haben. Durch die Beerdigung ist uns die Endgültigkeit dessen, was mit ihnen geschehen ist, bewusst geworden, wenn auch manchen von uns das volle Ausmaß dieser Veränderung erst dann aufgeht, wenn der Alltag wiederkehrt und die oder der Verstorbene nun wirklich Tag für Tag ausbleibt.

Wie alle anderen Menschen bedrückt auch uns Glaubende der Schmerz der Trennung, und doch mögen wir ungern von Abschied sprechen. Die Botschaft von Jesu Auferstehung, die Dynamik von Ostern gibt uns Hoffnung. – Gut, mögen Sie jetzt sagen, aber ist unser Osterglaube konkret genug, um uns in der Trauer um nahestehende Menschen trösten zu können? Ich meine ja und möchte dies mit einem Gedicht von Friedrich Rückert zu zeigen versuchen.

Kindertodtenlieder

Um den Jahreswechsel 1833/34 verlor der fränkische Dichter und Gelehrte Friedrich Rückert innerhalb von siebzehn Tagen seine beiden jüngsten Kinder Luise (geboren 1830) und Ernst (geboren 1829). Ihr Tod ließ ihn 423 „Kindertodtenlieder" schreiben, die erst 1872 aus dem Nachlass publiziert wurden. Einige von ihnen wurden durch die einfühlsamen Vertonungen Gustav Mahlers bekannt. Das folgende trägt durch die Form des Ghasels, das sich durch die konstante Fortführung wenigstens eines Reimes auszeichnet (hier sind es zwei, die durchgehalten werden), aber auch durch die Bildsprache orientalisches Kolorit. Es sind die sprachlichen Nuancen, die den inhaltlichen Reichtum und die Aussagekraft dieses Gedichtes ausmachen.

Du bist ein Schatten am Tage
Und in der Nacht ein Licht;
Du lebst in meiner Klage
Und stirbst im Herzen nicht.

Wo ich mein Zelt aufschlage,
Da wohnst du bei mir dicht;
Du bist mein Schatten am Tage
Und in der Nacht mein Licht.

Wo ich auch nach dir frage,
Find' ich von dir Bericht;
Du lebst in meiner Klage
Und stirbst im Herzen nicht.

Du bist ein Schatten am Tage,
Doch in der Nacht ein Licht;
Du lebst in meiner Klage
Und stirbst im Herzen nicht.

Mein Schatten – und mein Licht

Der Text lebt von der Spannung zwischen den beiden Doppelversen „Du bist ein Schatten am Tage/Und in der Nacht ein Licht" und „Du lebst in meiner Klage/ Und stirbst im Herzen nicht". Jeder kommt insgesamt dreimal vor; allerdings nur der zweite unverändert. Der erste Doppelvers wird in beiden Wiederholungen kaum merklich, aber sehr bedeutsam variiert. Anfangs wirkt die Anrede des verstorbenen Kindes wie die illusionslose Feststellung: „Du bist nur noch ein Schatten deiner selbst, ein Irrlicht"; sie läuft ins Leere und scheint den Abbruch der Beziehung durch den Tod zu akzeptieren. Dazu tritt der zweite Doppelvers in fast trotzigen Kontrast, wenn er die Gewissheit bekundet, das angeredete Du lebe unvergänglich – in der Klage und dem liebenden Herzen des Vaters. Ist es diese Einsicht, die dem Dichter den Anstoß gibt, sich über die neue Qualität dieser Beziehung klar zu werden? So will es mir scheinen. Denn in Strophe zwei, in der der Orientalist Rückert sich als Wüstenwanderer zeichnet – das Zeltmotiv lässt an die Welt der Nomaden denken –, geht ihm auf, dass das geliebte Wesen ihm nicht nur überall nahe, sondern geradezu lebenswichtig ist: als Schatten in der Gluthitze und gleißenden Helle des Tages und nachts als orientierendes Licht. So werden die beiden eingangs negativ klingenden Motive Schatten und Licht ins Positive gewendet. Indem es nun „Du bist mein Schatten ... und ... *mein* Licht" heißt, wird klar: Der, die Verstorbene spielt für den Gedenkenden *in dessen Gegenwart* eine bleibende Rolle. In Strophe drei benennt der Dichter sodann die Haltung, durch die diese Erfahrung dauerhafter Verbundenheit ermöglicht wird: Das Fragen oder Suchen nach dem geliebten Menschen hält die Empfänglichkeit für Zeichen seiner Nähe wach. Man könnte sich an ein Wort Jeremias erinnert fühlen, in dem von der Zukunft und Hoffnung die Rede ist, die Gott seinem Volk schenken will: „Sucht ihr mich, so findet ihr mich. Wenn ihr von ganzem Herzen nach mir fragt, lasse ich mich von euch finden – Spruch des Herrn" (Jer 29,13 f). Im Anschluss an diesen Gedanken wirkt die erste Wiederholung von 1,3 bis 4 weniger trotzig als zuvor; vielmehr klingt sie wie eine Gewissheit, die sich aus 3,1 bis 2 ergibt. Die letzte Strophe, in der Schatten und Licht durch „doch" kontrastiert werden, korrigiert gleichsam die Formulierung des Anfangs und zieht in getrösteter Gelassenheit das Resümee: In hellen Zeiten unserer Lebenswanderschaft wirft der oder die Verstorbene einen Schatten, der uns an die Endlichkeit unseres Daseins erinnert, spricht in den Dunkelheiten des Lebens aber Mut und Hoffnung zu. So wandelt sich im Lauf des Gedichts der erste Doppelvers von Resignation zu Zuversicht; der zweite hingegen, der schon bei seinem ersten Auftreten sicher und überzeugt anmutete, steht unverrückbar fest.

Angefochtene Gewissheit

Friedrich Rückert bezeugt uns: Die Intensität, mit der wir mit jemandem und für jemanden gelebt haben, gibt uns die – freilich immer wieder angefochtene – Gewissheit, dass dieses Miteinander in anderer, neuer Weise lebendig bleibt. Wie echte Freundschaft bleibt, auch wenn man sich lange nicht gesehen oder gesprochen hat, so sind wir auf Wegen, die wir gemeinsam mit unseren Verstorbenen gegangen sind, nie mehr allein. Manchmal kann es uns darum sogar leichter fallen, mit dem leiblichen Tod eines nahen Menschen zurechtzukommen, als die noch umkehrbare Trennung von einem lebenden Menschen zu verwinden. (Vielleicht jedoch gilt sogar hier, dass die einseitig gekappte Verbindung den, der sie abbrach, unsichtbar, aber heilsam begleitet, weil wir an der Verbindung festhalten.)

Lebendige Zeugen der Liebe Gottes

Wenn den Getreuen Jesu an Ostern aufgegangen ist: Er, in dem Gottes Güte und Barmherzigkeit unter ihnen gegenwärtig war, *lebt*, obwohl dem Augenschein nach vernichtet, in der Gegenwart des Vaters, tragen dann Einsichten, wie Rückert sie uns zuspricht, nicht etwas Österliches in sich? Menschen, in denen Gottes Liebe zu uns gekommen ist, bleiben auch dann, wenn sie von uns getrennt sind, lebendige Zeugen dieser Liebe, so könnte man Rückerts Gedanken auf den Punkt bringen. Und weil andererseits unsere entschiedene Liebe, die sich mit dem Tod nicht abfindet, die auch angesichts des Grabes nach dem Geliebten fragt und an ihm festhält, nur aus Gottes Liebe leben kann, ist letztlich sie es, die Treue des Vaters, die uns dauerhaft verbindet. Viel hängt also daran, ob wir mit ihrem Wirken in unserem Heute rechnen, ob er in unser Leben durchdringen kann. Wenn wir dem Prophetenwort folgend von ganzem Herzen nach unseren Lieben fragen, lässt Gott uns vielleicht die Augen aufgehen (vgl. Lk 24,31) – wie jenem Menschen, der Jahre nach der Beerdigung zum ersten Mal das Grab eines Freundes besuchte. Merkwürdig, dort zu stehen, wo dessen Leib in der Erde ruht: keine Präsenz des Toten, keine Nähe zu spüren.

Noch auf der Autobahn ging ihm die Befremdlichkeit dieser Situation nach. Doch als er knapp einem Unfall entgeht – er weiß nicht, wie –, spürt er: Hier, mitten im Leben, hat Gott, hat dein Freund dir geholfen.

Johannes Bernhard Uphus

„… und auch dem Toten versage deine Liebe nicht!"
Totenbestattung im Judentum

Altes Testament

Die biblischen Menschen hofften darauf, alt und lebenssatt sterben zu dürfen. Ein solcher Tod gehörte zum guten Leben. Doch für den frühen Tod, der durch Krankheit, Unglück oder Gewalttat Leben zerstört, wurde Jahwe als Gott des Lebens klagend und anklagend zur Verantwortung gezogen.

Was der alttestamentliche Mensch im Tod ersehnt, erfahren wir aus einer Gottesrede an Abraham: „Du aber wirst in Frieden zu deinen Vätern heimgehen; in hohem Alter wirst du begraben werden" (Gen 15,15). Von der eigenen Familie in einem Grab bestattet zu werden, ist für alttestamentliche Menschen bedeutsam, weil es etwas über das Leben sagt. Die Bestattung wird biblisch als Akt der Familiensolidarität begriffen. Die Beisetzung durch die Angehörigen bildet mit dem friedlichen Sterben im Schoß der Familie eine Einheit, die ein Menschenleben gut abschließt, ja vollendet.

Die Bestattung und die damit verbundene Feier ehren den Toten und sein Lebenswerk. Einen Toten ohne Bestattung zu lassen, stellt eine äußerste Härte dar. Prophetische Gerichtsankündigungen, die auf fundamentale Vergehen gegen die menschliche Gemeinschaft und gegen die Jahweverehrung antworten, greifen verschiedentlich drohend zur scharfen Waffe der verweigerten Bestattung (Jes 14,19; Jer 7,33 u. ö.).

Zur würdigen Beisetzung eines Toten in einem Grab soll nach alttestamentlichem Zeugnis nicht nur die Familie im engen Sinn, sondern, wo es nötig ist, jeder Israelit und jede Israelitin beitragen. Dies dokumentiert das Buch Tobit (Tob 1,16–18): Die Nachbarn begreifen nicht, warum sich Tobit durch die Bestattung der von den Machthabern Ermordeten selbst in Todesgefahr bringt. Sie verspotten den wunderlichen Gutmenschen, der es nicht lassen kann: „Er musste doch fliehen, und siehe: schon wieder begräbt er die Toten" (Tob 2,8). Doch gegen den Augenschein mehrt die im barmherzigen Werk der Bestattung sich ausdrückende Solidarität mit den Toten die Lebensfülle auch der Lebenden, wie das in jeder Hinsicht glückliche Ende der dramatischen Tobiterzählung zeigt.

Prägnant mahnt auch das um 180 vor Christus entstandene Sirachbuch: „Schenke jedem Lebenden deine Gaben, und auch dem Toten versage deine Liebe nicht!" (Sir 7,33).

Im Judentum

Über aktive und passive, erlaubte und unerlaubte Sterbehilfe wird derzeit viel diskutiert. Ursprünglich bezeichnet dieses Wort aber den Beistand, der einem sterbenden Menschen geleistet wird: durch kleine Gesten und Hilfen, durch stärkende und tröstende Worte, durch Gebete, und ganz einfach durch die Gegenwart eines Menschen, der es gut meint. Diese grundlegend wichtige Dimension droht in den aktuellen Debatten in Vergessenheit zu geraten.

Im Judentum dürfen weder die Sterbenden noch die Toten allein gelassen werden. Die Sorge um die Toten ist eine religiöse Pflicht. Die „Chevra Kaddischah" (Heilige Gesellschaft), ein zahlenmäßig stets kleiner Begräbnisverein aus Männern oder Frauen, eine Art Synthese von Nachbarschaftshilfe und religiöser Bruder- beziehungsweise Schwesternschaft, besorgte alle mit der Bestattung zusammenhängenden Tätigkeiten. Nach der Waschung werden die Toten in ein einfaches Leinenkleid gehüllt. Särge aus Holz, Blei und Stein sind schon früh üblich, ohne überall verbindlich zu sein. Leichenzug, Trauergeleit und Beisetzung werden mit einem Trauermahl abgeschlossen. Neben den Mitgliedern der „Chevra Kaddischah" wirkt die Familie bei der Bestattung mit. Der älteste Sohn beziehungsweise der nächste männliche Angehörige hat die Pflicht, nach dem Versenken des Sarges das „Kaddisch", das Totengebet zu sprechen. Für die Angehörigen gelten geregelte Trauerzeiten und eine festgelegte Trauertracht.

Die Überführung der Toten nach Israel, wo nach der Auffassung der Rabbinen die Auferstehung beginnt, ist schon früh gelegentlich bezeugt. Vor dem Jahr 70 nach Christus und nun erneut ist der Ölberg ein bevorzugter Bestattungsort auch für Jüdinnen und Juden aus der Diaspora. Wo immer es möglich ist, haben jüdische Gemeinschaften eigene Friedhöfe, die auf Dauer erhalten bleiben. Bekannt sind die jüdischen Katakomben in Rom.

Grabsteine werden in der Regel erst zum Jahrtag gesetzt. Traditionell betont das Judentum die Gleichheit und Gleichbehandlung der Toten. Blumen sind auf Friedhöfen nicht üblich, beim Besuch der Gräber legt man ein Steinchen oder ein paar Grashalme nieder. Aus der Bibel abgeleitete Bezeichnungen für den jüdischen Friedhof sind „Ewiges Haus", „Haus des Lebens", „Haus der Gräber" und „Guter Ort".

Nach der weitgehenden Auslöschung jüdischer Kultur in Deutschland sind manche nicht mehr der Bestattung dienende jüdische Friedhöfe in der zweiten Hälfte des 20. Jahrhunderts Mahnmale des Völkermords geworden. Sie erinnern uns an die ungezählten ermordeten jüdischen Männer, Frauen und Kinder, die, anders als die Gewaltopfer des Tobitbuches, ohne „Guten Ort", ohne Begräbnis blieben.

Susanne Sandherr

Bestattung von Muslimen

Über lange Zeit schien die Bestattung von Muslimen in unseren Breitengraden kein Thema zu sein. Selbst als schon eine nicht geringe Zahl von Migranten in Westeuropa lebte, wurde die Bestattung zunächst nicht zum Problem. Sowohl die Gastarbeiter selbst als auch die hiesige Bevölkerung lebten unter der Fiktion, dass der Aufenthalt zeitlich begrenzt und durch die baldige Rückkehr die Frage nach der Bestattung von Muslimen überflüssig sei. Tatsächlich wurde und wird meist die „Rückkehr" zumindest für die Toten Wirklichkeit: Die Leichen vieler türkischer Männer und Frauen, die in Deutschland gelebt und gearbeitet haben, werden nach dem Tod in die Türkei überführt (per Auto oder Flugzeug), um auf einem dortigen Friedhof nach muslimischem Ritus bestattet zu werden. Dies gilt selbst für mittlerweile eingebürgerte Personen. Es existieren regelrechte Versicherungsvereine, die den Rücktransport des Leichnams in das „Heimatland" sicherstellen.

In dem Maß, in dem die „Rückkehr-Fiktion" zerbricht, wird auch in unseren Landen die Frage nach der Bestattung von Muslimen gemäß ihrem Brauchtum aktuell, auch wenn aufgrund der bestehenden rechtlichen Bestimmungen nicht alle Forderungen umgesetzt werden können. Dieses Brauchtum besteht aus religiösen und kulturell geprägten Elementen, sodass nicht ein einheitliches Ritual für alle Muslime benannt werden kann.

Muslimisches Bestattungsritual

In islamischen Ländern ist nach dem festgestellten Tod die rasche Bestattung am gleichen oder am folgenden Tag vorgesehen – was hierzulande wegen der Aufbahrungsfristen so nicht möglich ist. Um die rituelle Reinheit des vor seinen Schöpfer tretenden Menschen zu gewährleisten, wird der oder die Tote zunächst gewaschen. Ein Mann wird von Männern gewaschen, eine Frau von Frauen, gegebenenfalls auch von ihrem Ehemann. Die Waschung kann zu Hause, im Krankenhaus oder auch auf dem Friedhof in einem dafür eingerichteten Waschhaus durchgeführt werden. Sie folgt einem bestimmten Ritual und wird von der Lesung einer Sure begleitet. Auf die Waschung folgt das Einwickeln in die Leichentücher, die für Männer und Frauen verschieden sind; in der Regel handelt es sich um weiße Baumwolltücher. Die vollständig eingewickelte Leiche wird auf eine Lade oder in einen Transportsarg gelegt.

Danach folgen das Totengebet und die Verabschiedung. Für beides ist der Ort nicht festgelegt, in der Regel liegt er zwischen der Wohnung – als Ort der Lebenden – und dem Friedhof – als Ort der Toten. Häufig geschieht beides an oder in der Moschee. Die Aufstellung des Sarges erfolgt quer zur Richtung nach

Mekka. Oftmals ist er mit einem grünen Tuch mit religiösen Symbolen oder mit anderen Insignien geschmückt. Nahe beim Sarg stehen der Geistliche und die Männer, während sich die Frauen im Hintergrund halten. Das vierteilige Totengebet besteht aus Koransuren, Lobpreis Gottes und Bittgebeten. Die nachfolgende Verabschiedung entlässt den Toten sowohl aus der religiösen Gemeinschaft der Muslime als auch aus der sozialen Lebensgemeinschaft.

Dann beginnt der Trauerzug zum Friedhof beziehungsweise zum Grab. Dabei gilt es als verdienstvoll, den Sarg oder die Trage mit dem Leichnam ein Stück des Weges zu tragen. Bei männlichen Toten ist es deshalb ein übliches Bild, dass die Träger ständig wechseln, ja sogar Passanten kurz als Träger fungieren, während Frauen nur von Blutsverwandten getragen werden.

Am Grab

Am Grab wird der Leichnam aus dem Sarg genommen und hineingelegt. Das Grab muss sich zwischen den Gräbern anderer Muslime befinden und ist quer zur Richtung nach Mekka ausgehoben: Der Leichnam wird auf den Rücken gelegt und sein Kopf leicht zur Seite geneigt, sodass er sich Mekka zuwendet. Der Tote nimmt also mit seinem „Blick" die gleiche Richtung ein wie das Gebet der Lebenden. Der Kopf liegt in unseren Landen Richtung Südwesten, während die Füße des Leichnams nach Nordosten zeigen. Zwar erlaubt ein religiöses Urteil inzwischen die Bestattung in einem Sarg, aber die Angehörigen wünschen in der Regel eine Bestattung im Leichentuch, wie dies auch in muslimischen Ländern üblich ist. Um beim Zuschaufeln des Grabes den Leichnam nicht zu verletzen, wird dieser mit schräg gestellten Brettern geschützt. Am Zuschaufeln des Grabes beteiligen sich die Anwesenden. Abgeschlossen wird die Beerdigung durch eine religiöse Erinnerungsformel, in der der oder die Tote vom Geistlichen an die Antworten auf jene Fragen erinnert wird, die ihm oder ihr nach muslimischem Glauben am Jüngsten Tag gestellt werden.

Muslimische Friedhöfe in Westeuropa?

In dem Maß, in dem muslimische Mitbürger sich in unseren Ländern auch begraben lassen wollen, wird die Notwendigkeit größer, Möglichkeiten für eine ritusgemäße Bestattung zu schaffen. Einige Punkte stoßen zum Beispiel in Deutschland trotz der jüngsten Änderungen im Bestattungsrecht der Bundesländer noch immer auf Schwierigkeiten. So existieren in zahlreichen deutschen Städten schon abgegrenzte Bestattungsfelder für Muslime, um so dem Wunsch nach Beerdigung unter Glaubensbrüdern und -schwestern entgegenzukommen. Auch die Ausrichtung der Gräber ist auf solchen Feldern unproblematisch und kann mit den lokalen Moscheen abgesprochen werden. Für die Waschung des Leichnams sind häufiger eigene Räume vorhanden. Aber nur wenige Friedhöfe erlauben eine Bestattung allein im Leichentuch. Das größte Problem ist aber, dass den Gräbern kein ewiges Ruherecht gewährt wird, was nach muslimischer Vorstellung – ähnlich der des Judentums – unabdingbar ist. Dies wäre erst mit der Errichtung eigener muslimischer Friedhöfe möglich, die wie jüdische Friedhöfe von den Gemeinden selbst betrieben werden. Ein solcher Friedhof besteht in Deutschland bereits als historisches Relikt: Der noch aus osmanischer Zeit stammende Friedhof in Berlin-Tempelhof hat exterritorialen Status.

Friedrich Lurz

261

Friedhof im Wandel

Momentan erleben wir im deutschsprachigen Raum erhebliche Veränderungen im Friedhofswesen, die nicht nur wirtschaftlich bedingt sind, sondern den Wandel unserer Vorstellungen vom Tod und vom Umgang mit den Toten widerspiegeln. Angesichts dieser Veränderungen ist es notwendig, sich die recht wechselhafte Geschichte unserer abendländischen Friedhofskultur vor Augen zu führen, um nicht historischen Kurzschlüssen zu erliegen, als ließe sich die Friedhofskultur der letzten 200 Jahre auf 2000 Jahre Christentum ausziehen.

Jüdische und römische Friedhöfe als Anknüpfungspunkte

Jesus selbst wurde nach dem Brauch der Vornehmen in Palästina in einem Felsengrab beigesetzt, das – wie alle Friedhöfe im Judentum – außerhalb der Stadt lag. Dahinter stand die Absicht, das Grab nach Verwesung des Fleisches nach etwa einem Jahr wieder zu öffnen, um die Knochen einzusammeln und in einem Kasten ein zweites Mal beizusetzen. Im 2. Jahrhundert ging das Judentum zur ausschließlichen Erdbestattung über; bis heute sind jüdische Friedhöfe auf ewig angelegt und gelten Gräber als unantastbar.

Die Römer praktizierten zur Zeitenwende die Feuerbestattung und gingen im 2. Jahrhundert ebenfalls zur Erdbestattung über. Friedhöfe wurden entlang der Ausfallstraßen außerhalb der Städte angelegt. Die Gräber wurden in der Regel nicht mehr angetastet, auch wenn es sich um Urnengräber handelte. Die Kennzeichnung der Gräber mit Grabmälern oder beschriebenen Grabtafeln endete spätestens mit der Völkerwanderung.

Christliche Friedhöfe in Antike und frühem Mittelalter

Die Christen übten wahrscheinlich von Beginn an allein die Erdbestattung. Zunächst wurden gemeinsame Friedhöfe mit den Heiden außerhalb der Städte benutzt. Bald aber wurde ein fürsorgendes Bestattungswesen mit eigenen Friedhöfen zum Kennzeichen der christlichen Gemeinden. Als nun einzelne Tote als Märtyrer verehrt wurden, baute man Kirchen über deren Gräber – nahm aber auch die Zerstörung der anderen Gräber in Kauf. Schließlich wurden die Gebeine der Märtyrer gehoben und in die Städte gebracht. Damit waren erstmals Tote innerhalb der Stadt, das heißt innerhalb des Wohnraums der Lebenden untergebracht. So wie es zunächst als besondere Ehre galt, in der Nähe eines Märtyrers auf einem Friedhof außerhalb der Stadt beigesetzt zu werden, so waren es im frühen Mittelalter zuerst Adelige, die sich in Nähe der unter dem Altar deponierten Gebeine innerhalb der Stadt, das heißt bei oder in einer Kirche begraben ließen.

Der „Kirchhof" in Mittelalter und früher Neuzeit

Damit war es nur noch ein kleiner Schritt bis zum typischen mittelalterlichen „Kirchhof", einem Friedhof um die Kirche herum, der gegenüber dem bewohnten Raum durch eine Mauer abgegrenzt war. Man wollte möglichst nahe bei den Märtyrergebeinen, aber auch möglichst nahe zum eucharistischen Geschehen begraben werden. Für beides bildete der Altar den Bezugspunkt.

Entsprechend waren in den Boden der Kirchen eingelassene und zum Teil gemauerte Gräber die be-

263

gehrtesten. Ein Epitaph an der Wand konnte dann gegebenenfalls Auskunft geben, welche bedeutende Person in der Nähe begraben war. Auf dem Kirchhof selbst wurden die „einfachen" Menschen begraben. Beliebt waren die Plätze direkt an der Kirchwand, da man das vom Kirchdach herunterlaufende Wasser als Segnung verstand. Die Gräber waren in der Regel nicht gegeneinander abgegrenzt und auch nicht geschmückt. Gekennzeichnet waren sie höchstens durch ein hölzernes Kreuz oder einen kleinen Pfahl, nicht aber namentlich. Es war das Wissen der Angehörigen, die regelmäßig das Grab besuchten, das es vor der Anonymität bewahrte. Um sich ein in der frühen Neuzeit aufkommendes, bald auch namentlich gekennzeichnetes Steinkreuz leisten zu können, musste man schon die entsprechenden finanziellen Mittel aufbringen können.

Da der Platz auf einem Kirchhof begrenzt war, mussten die Gräber schon nach wenigen Jahren wieder gehoben und neu belegt werden. Fand man noch Knochen des zuvor Begrabenen, so kamen diese ins Beinhaus (Karner). Dieser Umgang mit den Toten, der vom Bewusstsein des ewigen Lebens der Seele getragen war, während der Körper dafür unwichtig schien, dürfte oftmals nicht unseren heutigen Pietätsvorstellungen entsprochen haben.

Überhaupt wurden nur die Personen auf einem Kirchhof begraben, die auch zu der entsprechenden Pfarre gehörten. In größeren Städten stand für Fremde ein eigener Elendenfriedhof („Elend" = Ausland) zur Verfügung. Starb also zum Beispiel ein Reisender, so wurde der nicht auf dem Kirchhof bestattet, fand aber auf dem Elendenfriedhof wenigstens einen geweihten Begräbnisplatz innerhalb der Stadt. Je stärker die gesellschaftliche Abgrenzung im Leben war, desto stärker wurde diese auch im Tod durch den Begräbnisplatz gekennzeichnet: Hingerichtete wurden unter dem Galgen außerhalb der Stadt verscharrt. Auch „Aussätzige", die ihre Zuflucht in einem Hospiz vor der Stadt gefunden hatten, durften nicht in der Stadt begraben werden. Ab der Reformation verweigerten katholische Städte oftmals den Evangelischen das Begräbnis innerhalb der Stadt (umgekehrt genauso), sodass sie auf „dem Feld" bestattet wurden. So konnte der Begräbnisplatz den Ausschluss aus dieser als „heilig" verstandenen städtischen Gemeinschaft kennzeichnen: Wer außerhalb der Stadt begraben war, war verstoßen!

Heutige Friedhofsformen

Der uns bekannte Friedhof wurde in der Regel erst mit der napoleonischen Besatzung etabliert. Um die mittlerweile unwürdigen Zustände auf den Kirchhöfen und in den Kirchen zu beseitigen (es gibt Berichte über Geruchsbelästigungen), werden nun die Friedhöfe vor die Stadtmauern verlagert – auch wenn diese Lage „außerhalb der Stadt" heute oftmals nicht mehr zu erkennen ist. Da die Friedhöfe in öffentlicher Hand sind, sind sie bald konfessionell gemischt. Die längere Liegedauer der Toten ermöglicht, Gräber zu regelrechten Objekten der Selbstpräsentation zu machen. Sie werden durch steinerne Einrahmungen voneinander abgegrenzt und häufiger durch künstlerisch gestaltete Grabsteine oder Objekte geziert. Durch aufklärerische Gedanken beeinflusst, werden erst Ende des 19. Jahrhunderts die Friedhöfe als Parkanlagen angelegt, wird der „Schlafplatz der Toten" als paradiesischer Garten gestaltet.

Auf zwei Fragenkomplexe gilt es heute im Gespräch mit Politik und Gesellschaft Antworten zu finden. Hat die ab Mitte des 20. Jahrhunderts von den christlichen Kirchen tolerierte Urnenbestattung keine Änderung in der Friedhofsgestaltung mit sich gebracht, so könnten die in den letzten Jahren zunehmenden anonymen Bestattungen wieder zu einer erheblichen Veränderung der Friedhofskultur führen. Damit stellt sich erneut die Frage, welche Bestattungsformen mit dem christlichen Menschenbild zu vereinbaren sind. Zudem kommen heute auf den öffentlichen Friedhöfen großer Städte muslimische Gräberfelder hinzu, die wenigstens teilweise nach den Vorschriften des Islams gestaltet sein können. Damit ist die Frage nach dem Zueinander der Religionen und Bekenntnisse auf unseren Friedhöfen aufgeworfen. Ein Zeichen für die Stellung der Kirchen in unserer Gesellschaft wird sein, ob sie sich mit guten Argumenten in die aktuelle Diskussion über die Friedhofskultur einbringen können.

Friedrich Lurz

Autorenverzeichnis

Gisela Baltes, geboren 1944; Studium an einer Pädagogischen Hochschule; Tätigkeit als Lehrerin; Studium der Katholischen Theologie; Referentin in der theologischen Erwachsenenbildung; Veröffentlichungen zu religionspädagogischen und pastoralen Fragen, Lyrikerin; Redakteurin der Zeitschriften GLAUBEN LEBEN und MAGNIFICAT.

Reinhard Hauke, Dr. theol., geboren 1953; Studium der Katholischen Theologie; Tätigkeit in der Pfarrseelsorge u. a. als Dompfarrer von St. Marien in Erfurt; seit 2005 Weihbischof im Bistum Erfurt; Mitglied der Jugendkommission und der Kommission für gesellschaftliche und soziale Fragen der Deutschen Bischofskonferenz; Beauftragter der Deutschen Bischofskonferenz für die Vertriebenen- und Ausländerseelsorge; zahlreiche pastoral-liturgische Initiativen und Veröffentlichungen.

Kurt Koch, Dr. theol., geboren 1950; Studium der Katholischen Theologie; Seelsorgetätigkeit als Laientheologe und als Vikar; Honorarprofessor für Dogmatik, Ethik, Liturgiewissenschaft und Ökumenische Theologie an der Theologischen Fakultät der Universität Luzern; seit 1996 Bischof von Basel; seit 2007 Präsident der Schweizerischen Bischofskonferenz; zahlreiche theologische Schriften.

Tobias Licht, geboren 1962; Studium der Katholischen Theologie mit dem Schwerpunkt „Fundamentaltheologie"; Leiter des Karlsruher Foyers „Kirche und Recht", Leiter des Bildungszentrums Karlsruhe (Bildungswerk der Erzdiözese Freiburg), Katholischer Beauftragter für privaten Hörfunk in Karlsruhe; umfangreiche Tätigkeit im publizistischen und im Bildungsbereich, Redakteur der Zeitschrift GLAUBEN LEBEN, Beirat für theologische Fragen der Zeitschrift MAGNIFICAT.

Friedrich Lurz, Dr. theol., geboren 1961; Ausbildung zum Krankenpfleger; Diplomstudium der Katholischen Theologie; wissenschaftlicher Mitarbeiter am Seminar für Liturgiewissenschaft der Katholisch-Theologischen Fakultät der Universität Bonn; theologische Forschungen und Publikationen mit den Schwerpunkten „Ökumenische Studien" und „Liturgie und Sozialgeschichte"; Schriftleiter der Zeitschrift MAGNIFICAT.

Stefan Rau, Dr. phil., geboren 1957; Studium der Katholischen Theologie, Geschichte und Musikwissenschaft; Pfarrer der Gemeinde St. Joseph in Münster; Mitglied im Trägerverein des Deutschen Liturgischen Institutes, Trier, Mitarbeit in der Arbeitsgruppe „Messtexte" der Studienkommission für die Messliturgie und das Messbuch der Internationalen Arbeitsgemeinschaft der Liturgischen Kommissionen im deutschen Sprachgebiet; Referent für liturgische Weiterbildung; zahlreiche Veröffentlichungen; Beirat für liturgische Fragen der Zeitschrift MAGNIFICAT.

Susanne Sandherr, Dr. theol., geboren 1960; Studium der Katholischen Theologie, Philosophie, Germanistik und Erziehungswissenschaft; Hochschulseelsorgerin in Karlsruhe; wissenschaftliche Mitarbeiterin am Seminar für Dogmatik der Katholisch-Theologischen Fakultät der Universität Bonn; Professorin für Katholische Theologie in der Sozialen Arbeit an der Katholischen Stiftungsfachhochschule München; gemeinsam mit Dorothee Sandherr-Klemp Herausgeberin des jährlichen MESSBUCHS im Verlag Butzon & Bercker; Redakteurin der Zeitschrift MAGNIFICAT.

Schwester Maria Andrea Stratmann SMMP, geboren 1943; Studium der Katholischen Theologie und Germanistik, Lizentiatin der Theologie; langjährige Tätigkeit als Gymnasiallehrerin; Exerzitien- und Meditationsleiterin, Geistliche Begleiterin; Autorin, u. a. für den Rundfunk; Redakteurin der Zeitschriften GLAUBEN LEBEN und MAGNIFICAT.

Johannes Bernhard Uphus, Dr. theol., geboren 1966; Studium der Klassischen Philologie und Katholischen Theologie; Mitarbeit an der deutschen Ausgabe der CONCILIORUM OECUMENICORUM DECRETA – DEKRETE DER ÖKUMENISCHEN KONZILIEN am Seminar für Dogmatik der Katholisch-Theologischen Fakultät der Universität Bonn; dogmengeschichtliche Forschungen; Chefredakteur der Zeitschrift MAGNIFICAT.